Processos de subjetivação, clínica ampliada e sofrimento psíquico

Processos de subjetivação, clínica ampliada e sofrimento psíquico

Organizadores
Monah Winograd & Mériti de Souza

FAPERJ
Fundação Carlos Chagas Filho de Amparo à Pesquisa do Estado do Rio de Janeiro

cia. de Freud

Processos de subjetivação, clínica ampliada e sofrimento psíquico

Organizadores

Monah Winograd
Mériti de Souza

Editor

Benilton Bezerra Jr. (UERJ, Brasil)

Revisão

Sandra Regina Felgueiras

Capa

eg.design | Carolina Ferman

Editoração eletrônica

Abreu's System

Rio de Janeiro, 2012

CIP-BRASIL. CATALOGAÇÃO-NA-FONTE
SINDICATO NACIONAL DOS EDITORES DE LIVROS, RJ

P956

Processos de subjetivação, clínica ampliada e sofrimento psíquico / organizadores Monah Winograd & Mériti de Souza. - Rio de Janeiro : Cia. de Freud , 2012.
276p.

Inclui bibliografia
ISBN 978-85-7724-104-0

1. Psicanálise. 2. Psicologia clínica. I. Monah Winograd. II. Souza, Mériti de.

12-5358.

CDD: 616.8917
CDU: 159.964.2

FAPERJ
Fundação Carlos Chagas Filho de Amparo à Pesquisa do Estado do Rio de Janeiro

cia de Freud

Endereço para Correspondência
Rua Barão de Sertório, 48 - casa
Tel.: (21) 2273-9357 • (21) 2293-5863
Rio Comprido - Rio de Janeiro
E-mail: ciadefreud@gmail.com

Sumário

Prefácio

Benilton Bezerra Jr.*

O campo dos saberes e das práticas psi no Brasil mudou. Para quem o observa com alguma distância, não é difícil perceber nas últimas décadas o surgimento de transformações importantes não só na dinâmica da produção de conhecimento na área e nos temas em torno dos quais esta produção se dá, como também no aparecimento de um intenso debate acerca de quais estratégias de construção de dispositivos de intervenção clínica e social usar. Essas mudanças, por sua vez, indicam o impacto, na discussão acadêmica, de processos históricos que vêm redesenhando o cenário social mais geral e o campo específico das práticas de atenção à saúde mental no país.

Como é de conhecimento corrente, em poucas décadas as regras fundamentais de sustentação do laço social sofreram profundas modificações, reorganizando as bases normativas sobre as quais se assentam as condições de subjetivação nas duas faces em que esse processo se apresenta. De um lado, vêm mudando o modo de produção e circulação de bens materiais e simbólicos, a forma de organização das relações sociais, os lugares identitários postos à disposição dos indivíduos, as normas e ideais que determinam as fronteiras entre o prescrito e o proscrito, o normal e o patológico, a esfera pública e a esfera privada, e assim por diante. Em outras palavras, vêm se alterando os processos por meio dos quais os indivíduos encontram

* Instituto de Medicina Social (UERJ).

seu lugar no horizonte de possibilidades das formas subjetivas – para usar a expressão de Foucault – que são engendradas no contexto sócio-histórico. Paralelamente a isso, têm também ocorrido mudanças relevantes nas maneiras pelas quais os sujeitos se relacionam a si próprios e se constituem como sujeitos de sua própria existência por meio do que o pensador francês chamou de técnicas de si ou tecnologias do *self* – práticas que modulam a densidade experiencial das existências individuais, possibilitando a emergência de trajetórias subjetivas singulares.

Essas transformações ocorridas nos processos de subjetivação se refletem obviamente na experiência do *pathos*, e isso em pelo menos três vertentes: primeiro, no modo como se organiza a própria experiência de sofrimento; segundo, na maneira como descrevemos e diagnosticamos essa experiência; e terceiro, nos dispositivos que acionamos para lidar com ela.

No primeiro caso, vemos o redirecionamento do eixo em torno do qual as experiências de sofrimento se organizam. Numa cultura como a nossa, em que a injunção ao gozo tomou o lugar da repressão ao seu excesso, a polaridade permitido/proibido perdeu sua força normativa, cedendo lugar à oposição possível/impossível. Como diz Alain Ehrenberg, nossa sociedade levantou as barreiras repressoras tradicionais e instaurou um imaginário em que somos aparentemente autônomos e livres para dispor de quaisquer modalidades de gozo. Tudo, ou quase tudo, nos parece possível, ao alcance de nosso desejo. Somos, portanto, responsáveis individualmente pelo resgate da promessa de felicidade que a cultura nos oferece de bandeja. Este quadro, porém, longe de nos fazer nos sentirmos mais potentes e mais felizes, produz um efeito paradoxal – o de nos percebermos sempre aquém do esperado ou do prometido na fruição da vida. A impossibilidade de gozo sem limites se impõe não como fundante ou estrutural, mas como índice de fracasso do indivíduo.

O sentimento profundo de insuficiência individual, e não de opressão ou dilaceramento íntimo, é a mola propulsora que faz emergir as formas variadas de sofrimento prevalentes hoje em dia: as distintas apresentações da depressão, as perturbações da imagem corporal, as adições e compulsões, os comportamentos narcísicos, etc., enfim tudo aquilo que nos acostumamos chamar de patologias contemporâneas ou novas doenças da alma. Sobretudo nos ambientes urbanos complexos, esse cenário tem motivado a reflexão sobre o novo perfil da demanda de cuidados em saúde mental, tanto no plano da assistência pública quanto no âmbito da clínica privada. Para além do campo estrito da clínica, a análise desse cenário tem sido requisitada para a compreensão de fenômenos sociais que demandam entendimento, como a violência urbana, o consumo de drogas lícitas e ilícitas, explosões de condutas agressivas em ambientes escolares, os efeitos das novas configurações familiares e parcerias conjugais, e assim por diante.

No plano da descrição da experiência, testemunhamos a emergência de todo um sistema de designação e classificação de sinais e sintomas psicológicos inteiramente despido de inspiração psicodinâmica ou fenomenológica e lastreado basicamente numa análise comportamental, com um vocabulário e uma gramática cuja força performativa não é de modo algum desprezível. A partir de sua terceira versão, em 1980, o DSM (Manual de Diagnóstico e Estatística produzido pela psiquiatria americana e adotado universalmente, que materializa essa orientação) tornou-se o roteiro mais utilizado para a nomeação do sofrimento e a organização de categorias clínicas na psiquiatria e, para além dela, na cultura atual. Essas categorias estão na base das estratégias terapêuticas preconizadas pela psiquiatria hegemônica atual, que adota orientação biológica na teoria e opção psicofarmacológica na prática clínica.

Os efeitos da hegemonia do DSM na assistência psiquiátrica e sua forte presença no imaginário social são, na verdade, complexos. Se por um lado seu vocabulário descritivo comportamental esvazia a densidade experiencial e a dinâmica intrapsíquica presentes nos quadros de sofrimento psíquico que ele descreve – o que tende a tornar mais difícil o processo de implicação do sujeito na sua própria experiência –, é fato que em relação a algumas entidades a passagem de uma designação de forte ressonância ontológica para outra em que esta ressonância se esvai se deu em benefício dos que recebem o diagnóstico. Basta pensar no que representa para alguém ser descrito como sendo um psicótico maníaco depressivo ou como um portador de transtorno bipolar. Há outros benefícios concretos, como o uso de categorias diagnósticas por parte de vários profissionais da atenção básica, fato que contribui para a melhoria da percepção mais criteriosa de problemas de saúde mental no nível primário de assistência.

Apesar disso, nem mesmo os organizadores das várias versões do Manual negam os efeitos indesejados do uso indiscriminado de suas categorias simples, inequívocas e universais para a descrição da imensa complexidade e variedade das experiências de sofrimento. Alguns deles são: a explosão do número de estados existenciais a receberem diagnósticos, o apagamento da singularidade do sujeito, substituída pela universalidade das categorias diagnósticas, a expansão de seu uso para além do campo estrito dos profissionais de saúde, a criação de novas ancoragens identitárias com base em suas categorias, o processo de medicalização e psiquiatrização da vida cotidiana, o incentivo ao uso abusivo de psicofármacos, etc.

Tornou-se imperioso analisar o impacto das novas formas de nomeação e classificação do sofrimento na formação do imaginário teórico de novos profissionais, na criação de novas formas sociais de percepção do sofrimento psíquico, na ordenação das demandas dirigidas aos dispositivos de atenção à saúde mental por indivíduos, famílias, escolas, organizações, etc. e na própria consciência social acerca dos limites entre normalidade e doença, entre patologia e diferença, entre naturalidade e artificialidade.

No plano da clínica e dos dispositivos de cuidado, vários eixos de discussão têm emergido no centro dos debates atuais. De um lado, os processos de subjetivação contemporâneos têm suscitado uma reflexão crescente acerca dos limites dos *settings* e das tecnologias tradicionais de escuta, acolhimento e interpretação. Não só os alicerces teóricos da clinica tradicional vêm sofrendo uma revisão que os torne capazes de incluir como alvos da clínica diversos quadros sintomáticos e situações clínicas resistentes às abordagens tradicionais como também vêm sendo postos em questão os dispositivos institucionais, os aparatos e *settings* que viabilizam a atividade clínica, com o objetivo de multiplicar suas formas, seus atores, suas ações.

O tema da clínica ampliada tornou-se decisivo nesse cenário. Apesar de, ou justamente por se constituir numa noção de limites imprecisos e polêmicos, a clínica ampliada permite articular tópicos de difícil aproximação como: clínica e política; estratégias terapêuticas de cuidado e modalidades de gestão de serviço; abordagens psicodinâmicas, terapias biológicas e intervenções psicossociais; atendimento psicanalítico e clínica neurológica; saúde mental e atenção básica, etc.

Ela ainda permite, e de certa forma induz, precipita uma constante elaboração acerca de elementos cruciais no debate atual acerca dos impasses da assistência: qual o centro de gravidade de qualquer atividade de cunho clínico, que objetivo fundamental ela deve comportar para ser considerada eticamente legítima e, portanto, politicamente defensável no plano individual e coletivo – qual a essência da atividade clínica a ser desenvolvida em quaisquer dispositivos e instituições que a vida e as redes do sistema de saúde permitam? Como sustentar uma clínica centrada na recuperação e ampliação da normatividade psíquica e social dos sujeitos a que ela se dirige, defendendo-a das tentações e apelos de transformá-la em mecanismos de adaptação social, de exercício de regulação comportamental, de controle de riscos e plataforma de consumo de produtos e serviços "de saúde"? Que dispositivos podem ser inventados para atender à diversidade de demandas que chegam ao sistema de atenção psicossocial? Para além dos tradicionais terapeuta e paciente, quem são os sujeitos e atores nesse campo da clínica? Até onde, nos campos do cuidado médico e da intervenção social, pode ser benéfico levar abordagens oriundas da clínica psicológica?

Esse tipo de questionamento tem produzido interessantes pesquisas voltadas para temas tão diversos quanto o atendimento psicanalítico a pacientes com lesões neurológicas; a articulação entre ações de saúde mental e as estratégias de saúde da família; modalidades de intervenção clínica junto a grupos específicos, como adolescentes, populações de baixa renda, ou pacientes com diagnóstico complexo ou indefinido como os chamados transtornos de personalidade; complementaridade de abordagens psicodinâmicas e comportamentais em certos quadros como autismo, e assim por diante.

Paralelamente a isso, aprofundou-se o processo de transformação do cenário da assistência à saúde mental em todo o país, que conseguiu quebrar a hegemonia do modelo manicomial e implementar progressivamente as propostas da Reforma Psiquiátrica. Esse movimento iniciou a construção de um sistema de atenção psicossocial que deslocou o centro de gravidade da assistência e da clínica para fora dos muros das instituições fechadas. Ao romper com a cultura manicomial, a Reforma Psiquiátrica distanciou-se também da ideia de um modelo único a ser implantado na atenção à saúde mental e vem estimulando a experimentação de formas de assistência, modos de organização institucional, processos de integração intersetorial que melhor atendam às expectativas e necessidades de cada realidade local e das diversas demandas apresentadas aos serviços. A clínica ampliada é uma ferramenta chave nesse processo.

Mas entre a intenção e o gesto é fácil surgirem imprevistos. As propostas e diretrizes nacionais da Reforma, ao serem implantadas em contextos regionais e locais, muitas vezes sofrem a influência de fatores que muitas vezes acabam impondo desvios, ou herdam uma insidiosa, mas forte influência inercial da cultura asilar que facilmente se adapta a novos dispositivos. Em outras palavras, apesar, e também por conta, de seu sucesso, a Reforma Psiquiátrica deixou de ser uma bandeira para ser um campo de experimentação a exigir análise e reflexão permanentes como garantia de sua continuidade.

Todo esse conjunto de questões e problemas tem dado origem a uma produção interessante e fértil no universo brasileiro, que tem pelo menos duas características para as quais vale a pena chamar a atenção. A primeira é a forte presença da psicanálise tanto no meio acadêmico quanto no interior do sistema público de atenção à saúde mental. Esta presença dá um colorido especial ao nosso cenário e suscita um tipo de reflexão (de disputas também, naturalmente) e de propostas pouco presentes em outros países. A segunda é resultado do processo de descentralização da produção de conhecimento no país, que vem ocorrendo nos últimos anos. Nas últimas décadas consolidou-se uma ampla rede de núcleos de produção teórica em todo o país, lastreada pela expansão e qualificação dos centros de pós-graduação nas universidades públicas e privadas de qualidade. Este esforço conseguiu alavancar o surgimento de grupos de pesquisa e de formação de profissionais qualificados em muitos estados do país, rompendo com a hegemonia dos estados do sul e sudeste e abrindo caminho para que temáticas e questões regionais se tornassem alvo de reflexão pelos seus próprios atores. Esta abertura certamente enriquece o panorama de pesquisa nacional.

Esta coletânea é a expressão dessa novidade. Os artigos aqui reunidos abordam um leque múltiplo de temáticas, adotam perspectivas metodológicas e teóricas diversas, perseguem objetivos diferentes e são construídos em estilos narrativos próprios a cada um. Eles refletem uma parte da pluralidade de pontos de vista que caracteriza nosso campo e, principalmente, testemunham a vitalidade da reflexão que se espalha por muitos estados do país. É sem dúvida um livro de grande interesse não só para os profissionais de saúde mental, mas para todos os que, de uma forma ou de outra, se encontram na condição de atores do campo psi no país.

Apresentação

Mériti de Souza & Monah Winograd

A proposta da presente coletânea, denominada "Processos de subjetivação, clínica ampliada e sofrimento psíquico", surgiu dos encontros entre pesquisadores debruçados sobre práticas de intervenção que apontam para as relações entre os processos de subjetivação contemporâneos e as manifestações do sofrimento psíquico. Tais encontros, reveladores de convergências, implicaram na construção de um grupo de trabalho e de pesquisa (GT) que, no decorrer dos últimos anos, tem se dedicado à organização de atividades conjuntas diversas, voltadas à problematização e à produção de conhecimento crítico, visando estabelecer e consolidar pressupostos teóricos e metodológicos necessários à implementação de práticas clínicas ampliadas que possam dar conta da escuta das novas modalidades e das novas manifestações do sofrimento psíquico.

Os professores-pesquisadores envolvidos na elaboração do GT Processos de Subjetivação, Clínica Ampliada e Sofrimento Psíquico são os autores da presente coletânea e encontram-se preocupados com as novas formas de demanda de atendimento, pois entendem que essas novas demandas exigem a revisão dos pressupostos e modelos derivados das classificações normativas e revelam a necessidade de produção de formas de saber e fazer no campo da prática psicológica. Articula a proposta deste livro o pressuposto de que o cenário contemporâneo – marcado pelo predomínio da lógica de mercado, pelo esgarçamento dos laços sociais e pelo avanço da técnica – estaria produzindo mudanças no modo de vida, na organização subjetiva e nas manifestações do sofrimento psíquico. Esse contexto, atravessado por novas configurações sociais, gera reverberações na configuração subjetiva, no corpo e no sofrimento psíquico, demandando a problematização profunda do campo teórico necessário à escuta do discurso associado a esse cenário.

A literatura existente sobre o tema deste livro explicita a existência de impasses no plano da teoria e das estratégias de obtenção do conhecimento derivados do recorte disciplinar hegemônico na tradição ocidental moderna. Para abordar tal impasse, entendemos serem necessárias uma visada interdisciplinar e o recurso a referências teóricas de diversas áreas do conhecimento tais como psicologia, psicanálise, história, sociologia, neurociências, linguística, filosofia, dentre outras, que possam sustentar a escuta do sofrimento psíquico a partir de contextos e instituições diversas (fábricas, escolas, centros de atenção psicossocial, dentre outras) e de enquadres não tradicionais. Nessa perspectiva, o recurso a autores como Freud, Derrida, Foucault, Lacan, Winnicott, Bauman, Agamben, Sennett, Wacquant, Castel, Green, Canguilhem, dentre outros, encontra-se presente e revela-se necessário e constante nos capítulos presentes na coletânea e aprofundam os movimentos de pensamento que já podem ser observados nas pesquisas individuais de cada autor.

Este livro reúne professores-pesquisadores vinculados a Programas de Pós-Graduação *stricto sensu* de diversas instituições universitárias: UERJ, PUC-Rio; Unifor-CE; UFSC; PUC-GO; UFPR. As temáticas abordadas envolvem as questões da constituição subjetiva e do sofrimento psíquico a partir de diversos autores e, no entanto, apresentam em comum o interesse em problematizar os modos de subjetivar e de conhecer que orientam a prática clínica. Dessa forma, o trabalho de Claudia Amorim Garcia "A inflação do privado e suas repercussões no processo de constituição psíquica", no qual as ideias de Ehrenberg sobre o deslocamento da sociedade ocidental da experiência coletiva para a experiência pautada na autonomia e iniciativa individual são articuladas à hipótese de Green sobre os estados-limite enquanto categoria clinica. O pressuposto é que o sentimento de insuficiência do sujeito atual diz respeito à fragilização das fronteiras psíquicas, característica dos estados-limite de analisibilidade. Seus objetivos são: discutir algumas consequências subjetivas das mudanças normativas em curso na sociedade ocidental urbana, especificamente aquelas que se apresentam na clinica dos limites.

Denise Teles Freire Campos apresenta o capítulo "O cuidado e o sujeito: questões acerca da clínica ampliada", no qual problematiza o conceito de clínica ampliada. Para tanto, retoma dois eixos de interrogação: o primeiro é constituído pela fórmula consagrada no campo da saúde mental no Brasil "pós-reforma psiquiátrica" e referido ao pressuposto de lidar com o sujeito na cena clínica. Neste sentido, trata-se de restituir ao sujeito atendido o lugar de Sujeito, particularmente sujeito do inconsciente e sujeito que fala. O segundo eixo se dirige à reflexão sobre a relação complexa entre cultura e identidade no contexto das instituições do cuidado psicológico.

No capítulo "Bruxas, sofrimento e singularidade: algumas cenas", Mériti de Souza problematiza os modos de subjetivar e de conhecer hegemônicos na sociedade moderna, calcados nos pressupostos de substantivação, linearidade, binarismo, hierarquia. De forma específica a autora questiona a reverberação desses pressupostos na produção do sofrimento psíquico, na predicação do feminino e na prática clínica. Para tanto, aciona o conceito de vazio e de khôra, conforme problematizados por Fédida e Derrida no rastro da teoria freudiana. Esses conceitos são utilizados na análise dos predicados atribuídos ao feminino no cenário ocidental e moderno e, em particular, no brasileiro, concomitante à análise de um caso clínico no qual uma mulher apresenta-se como bruxa.

No capítulo "O serviço de psicologia aplicada e o trabalho com adolescentes: contribuições para a clínica ampliada da psicanálise", Karla Patrícia Holanda Martins propõe analisar as contribuições dos serviços de psicologia à clínica ampliada da psicanálise, concomitante às dificuldades enfrentadas nessas instituições frente à inserção institucional das mesmas no campo da saúde. Introduz a questão retomando o contexto da história da difusão e ensino da psicanálise nas universidades brasileiras, a partir do esforço empreendido pelos pesquisadores brasileiros, no final dos anos 70 e início dos anos 80, em pensar os limites e possibilidades da inferência dos saberes e práticas *psi* no campo da saúde pública, mantendo um importante diálogo com as Ciências Sociais. A apreciação das demandas institucionais do Serviço de Psicologia Aplicada da Universidade de Fortaleza e as propostas de atendimento dirigidas aos adolescentes nesta mesma instituição foram escolhidas como pontos de partida para uma reflexão sobre os limites dos dispositivos clínicos tradicionais e o papel importante que a arte pode conferir na construção de uma clínica ampliada da psicanálise.

Vinicius Anciães Darriba apresenta o capítulo "A psicanálise e o referencial de cientificidade que orienta a terapêutica: fundamentos para o debate na atualidade". Seu objetivo principal é investigar situações da clínica reputadas como desafio à efetividade da intervenção. Com isto, pretende estabelecer um fundamento ético-clínico a partir do qual a defasagem da psicanálise quanto aos ideais de saúde e sua inadequação a parâmetros de normalidade é sua condição de existência como discurso não redutível ao espírito dos tempos. O autor preocupa-se em interrogar a produção de um consenso no campo da terapêutica em torno do Bem Supremo, ocupado pela noção de saúde mental, apontando que esse consenso não restringe o debate para a psicanálise.

Flávia Sollero-de-Campos e Monah Winograd escreveram o capítulo "Entre a reação catastrófica e a fúria narcísica: aspectos da dinâmica psíquica de pacientes com lesão cerebral". A partir da observação do número crescente de pacientes com lesão cerebral por trauma cranioencefálico ou acidente vascular cerebral e do atendimento psicanalítico a tais pacientes, são investigados os processos psíquicos conscientes e inconscientes (engendrados a partir da lesão ou característicos das organizações psíquicas dos sujeitos independentemente da lesão) e as estratégias de atendimento que levem em conta as especificidades destes pacientes. As autoras interrogam a clínica do portador de lesão cerebral (seja qual for sua etiologia) entendendo que esta envolve aspectos neurológicos e cognitivos, mas também aspectos sensoriais, psíquicos, intersubjetivos e sociais. Trata-se de promover a escuta da experiência subjetiva do adoecimento para além dos danos cognitivos, objetivando a restituição da capacidade normativa.

No capítulo "Violência e subjetivação: questões para uma clínica com populações de baixa renda", as autoras Junia de Vilhena, Maria Helena Zamora e Joana de Vilhena Novaes analisam a clínica psicanalítica com populações de baixa-renda na busca por dispositivos clínicos que auxiliem a compreensão do sofrimento psíquico, entendendo a importância deste tema como um campo novo de trabalho e de pesquisa. As autoras tomam como eixo analítico a indissociabilidade entre o singular do sujeito e o universal da cultura e a análise é realizada na interface da psicanálise com outros campos do saber que fornecem subsídios para uma articulação com a realidade social.

Nadja Nara Barbosa Pinheiro escreve o capítulo "Algumas observações clínicas a respeito das afecções que se expressam por meio do corpo: de Freud a Winnicott". O trabalho se refere aos resultados parciais de uma pesquisa acadêmica coordenada pela autora no âmbito do Laboratório de Psicanálise (UFPR) sobre os desafios impostos à clínica psicanalítica pelos adoecimentos comumente denominados de psicossomáticos. A autora parte dos pressupostos teóricos alicerçados por Freud e Winnicott para problematizar a construção da subjetividade e as relações estabelecidas, neste processo, pelos registros somático e psíquico de forma a tecer fundamentos teóricos que permitam vislumbrar possibilidades de manejos clínicos específicos. Inicia pelos momentos em que Freud se depara com um material psíquico que não se restringe ao Inconsciente recalcado e sua percepção e, nesses casos, seria necessária a utilização de um instrumento clínico distin to da interpretação. Na sequencia, analisa as considerações de Winnicott e sua clínica paradoxal para as afecções que se expressam por meio da corporalidade, a qual inclui o *holding* como instrumento clínico que se torna, por seu turno, paradigma de um modo genuíno de operar na clínica.

Para Ademir Pacelli Ferreira, no capítulo "Da Descrição dos sintomas às entidades nosológicas em psiquiatria: traços de um percurso", a tensão no campo da clínica psiquiátrica decorre principalmente do paradigma mental derivado do dualismo mente-corpo e da atribuição dada à medicina de ordenar o caos do hospício. O hospício exigiu da medicina a organização da nomenclatura e da nosografia em detrimento dos cuidados clínicos para com os enfermos. Para criar uma medicina do mental, tornou-se necessário pensar o diagnóstico e a terapêutica, o que exigiu um sistema nosográfico e nosológico. Este esforço tornou-se central, principalmente para os alienistas da segunda metade do século XIX. O autor propõe analisar os paradigmas que norteiam a práxis em psicopatologia, no diagnóstico e na terapêutica, confrontando-os com as referências históricas e atuais que os sustentam.

Maria Virgínia F. Cremasco apresenta o capítulo "Angústia, desespero e morte: Narciso e o espelho partido". Seu objetivo é aprofundar teoricamente as relações entre morte e narcisismo a partir de referências freudianas e aportes de autores da filosofia. De forma específica, ela procura analisar os estados de angústia e de desespero, conforme emergem na prática clínica, a partir de associações a posições subjetivas narcísicas consideradas como típicas da melancolia e das ideações suicidas. A autora questiona como o paradigma do desespero pode nos auxiliar na reflexão sobre a questão clínica que envolve o suicídio e que Narciso tragicamente respondeu precipitando-se no lago. O tema abordado visa fornecer subsídios e dispositivos para a compreensão e o atendimento de portadores de demandas narcísicas associadas a condições subjetivas e culturais marcadas pelo desespero e pela angústia e cujos índices crescentes estimulam estudos que apontem para possíveis intervenções.

Conforme é possível observar a partir da breve apresentação dos capítulos que compõem este livro, o tema do conhecimento, da prática clínica, da produção subjetiva e do sofrimento psíquico é sua linha mestra. Esperamos que os trabalhos descritos e as reflexões apresentadas possam colaborar com os trabalhos de profissionais interessados em problematizar as práticas psicológicas realizadas em contextos não tradicionais e suas relações com os efeitos de subjetivação.

A inflação do privado e suas repercussões no processo de constituição psíquica

Claudia Amorin Garcia*

Dentre as transformações com que nos defrontamos hoje não me parece de menor importância a configuração atual das relações entre as esferas pública e privada que se caracteriza pela diluição das fronteiras entre elas com a reificação da esfera privada e seu domínio sobre a esfera pública. Este movimento se faz acompanhar pela crença de que o psíquico se constitui exclusivamente no campo do privado que, por sua vez, se autoengendra fora do contexto das relações com a esfera pública. Esta convicção resulta em negar a inter-relação histórica e inevitável entre esses dois domínios, o que evidentemente implica em desconsiderar o caráter sócio-histórico do processo de constituição psíquica. Uma discussão sobre as consequências psíquicas de tal estado de coisas, representado pelo postulado ideológico sobre o autoengendramento do privado, tomado como lócus por excelência de constituição subjetiva, e o consequente apagamento da necessidade de um contexto confiável garantido pelo público se faz, a nosso ver, extremamente necessária.

* Professora na Graduação e no Programa de Pós-Graduação em Psicologia na PUC RJ – Pontifícia Universidade Católica do Rio de Janeiro. Psicanalista.

Richard Sennett, ainda em meados da década de setenta, publica *O declínio do homem público* (1974/1978), onde argumenta que o estado atual das relações entre o público e o privado é resultado de um longo processo histórico em que as fronteiras entre ambos se transformaram drasticamente, sem, no entanto, perder seu caráter de reciprocidade, uma inovação que se apresenta principalmente a partir do século XIX. Então, se na Grécia Antiga o espaço público era habitado pelo homem cidadão e tinha como tarefas precípuas o exercício da política, enquanto governo da cidade, e da liberdade, o espaço privado, por outro lado, a ele se contrapunha enquanto restrito ao âmbito do doméstico e destinado à satisfação das necessidades básicas que requeriam e justificavam o uso da dominação e da violência, espaço da privação, por excelência (Arendt, 1958/2000). Em Roma Antiga esta situação começou a se modificar com a desvitalização do espaço público pelo excesso de obrigações formais e rituais militaristas necessários à sustentação do império romano. Este esvaziamento do público resultou numa mudança significativa no âmbito do privado que passou, então, a se constituir no domínio das relações familiares e das crenças religiosas, isto é, do culto à transcendência, representada inicialmente por seitas místicas das quais, eventualmente, se derivou o cristianismo, que acabou por se constituir num novo principio ordenador do espaço público.

No século XVIII, sob a influência do pensamento dualista cartesiano e, principalmente, a partir do manifesto de Rousseau, a dicotomia público/privado passou a designar uma polaridade essencial e complementar entre os domínios masculino, campo da Razão, e do feminino, campo da Natureza. A emergência do capitalismo industrial e do movimento de secularização acirrou este processo, provocando um efeito de dupla face. Concomitantemente ao esvaziamento do domínio público, relegado a um lugar secundário enquanto espaço comum de convívio significativo, deu-se a inflação do privado agora considerado como lócus por excelência de constituição psíquica. A intensificação deste processo resultou na concepção da esfera privada como refúgio e proteção num mundo que rápida e drasticamente se transformava sob influência de um processo intenso de urbanização capitaneado pelo capitalismo industrial do séc. XIX (Lasch, 1977/1991). Definitivamente, o domínio idealizado da privacidade e da intimidade deixando de se constituir como um contraponto à esfera pública, o privado passou gradativamente a ser considerado como um campo da experiência humana autoengendrado, um espaço naturalizado. Esta ruptura ideológica, responsável pela reificação do privado, acoplada ao desinteresse pela coisa pública, estimulou um movimento de superinvestimento no próprio eu, constituindo o que se convencionou denominar de sociedade narcísica, tema exaustivamente discutido tanto pelas ciências sociais quanto pela psicanálise a partir de meados do século XX (Sennett, 1974/1978; Lasch, 1977/1991, 1984).

Também interessado em discutir os efeitos subjetivos da inflação do privado sobre o público, principalmente a partir de meados do séc. XX, Alain Ehrenberg em *La fatigue d'être soi* (1998) afirma que a sociedade ocidental urbana vem se deslocando de uma experiência coletiva fundamentada nos parâmetros da disciplina, do sacrifício e da culpa para uma outra maneira de viver e se relacionar pautada na exigência de autonomia, responsabilização e iniciativa individual, vetores que privilegiam o âmbito privado. Foi, na verdade, a partir de um longo processo histórico que atingiu seu clímax após a Segunda Grande Guerra, mais particularmente nos anos 1960, que o modelo disciplinar de conduta até então dominante passou a ser confrontado com normas sociais centradas na iniciativa individual que enfatizam o direito e a responsabilidade de cada um escolher e construir sua própria vida, num movimento contínuo de tornar-se si mesmo, na presença de um espaço público esvaziado. Assim, nos transformamos em puros indivíduos no sentido de que nos tornamos solitariamente responsáveis por nossas trajetórias existenciais no vazio deixado pela fragilização dos suportes religiosos, político-institucionais e também familiares que tradicionalmente orientaram a experiência de vida das gerações que nos antecederam. Segundo Ehrenberg (1998/2000, p. 15; tradução minha): "a modernidade democrática nos transformou em homens sem guia, pouco a pouco nos colocou na situação de ter que fazer julgamentos a partir de nós mesmos e construir nossas próprias referências".

Esta mudança normativa representa a emergência de novas condições de subjetivação na sociedade contemporânea pautadas já não mais na polaridade proibido/permitido, que remete à esfera pública, mas na referência à dualidade possível/impossível, que aponta para o domínio do privado, individual (Ehrenberg, 1998/2000). Dessa forma passamos do campo da lei simbólica, coletivamente construída, para a esfera das capacidades individuais, regida por limites fluidos e instáveis. O conflito se mantém embora seu desfecho malsucedido não mais se apresente como culpa mas através do sentimento de insuficiência e de sintomas depressivos dominantes na atualidade (Ehrenberg, 1998/2000).

O processo de naturalização do privado se fez acompanhar da intensificação do individualismo nas sociedades capitalistas, o que redundou em transformações cruciais para a sociedade ocidental. De fato, foram os valores individualistas que possibilitaram a emergência dos ideais igualitários e libertários, forjando, assim, o modelo democrático e inspirando movimentos político-sociais revolucionários que marcaram o século XX nos seus aspectos político, cultural e social. Maio de 68 assim como a luta pelos direitos dos grupos minoritários e dos marginalizados de uma forma geral são, sem dúvida, herança do ideário individualista na sua dupla vertente. Enquanto o individualismo da igualdade ou *singleness* emergiu fundamentalmente do iluminismo e dos ideais revolucionários de 1789, o individualismo da singularidade ou *uniqueness* surgiu como herdeiro do romantismo e da preocupação com a interioridade e a diferença que se tornaram dominantes na ideologia das sociedades ocidentais no séc. XX.

Tudo indica que hoje presenciamos uma mutação e uma exacerbação do individualismo de *uniqueness*, ainda representado pelo desejo de ser único e especial mas que se expressa, no entanto, atualmente, não mais através apenas de volta sobre si mesmo, mas principalmente através da espetacularização e do fascínio pela aparência (Bezerra, 2002; Debord, 1992/1997). Este estado de coisas se dá em detrimento do individualismo de *singleness*, que apontava para o exercício da liberdade num contexto igualitário e na vigência de uma esfera pública vitalizada e confiável. De fato, como muito bem argumenta Robert Castel em *As metamorfoses da questão social* (1998), a experiência de liberdade circunscrita e limitada, mas ainda possível para muitos durante certo período do séc. XX, demonstrou a indispensabilidade dos suportes sociais coletivamente reivindicados e conquistados ao longo dos séculos XIX e XX.

O processo de se tornar um indivíduo no sentido positivo do termo, que implica numa certa independência e iniciativa pessoais e na possibilidade de ser responsável por seus atos, não é um processo natural e só se torna possível na vigência de instituições e enquadramentos sociais confiáveis e consistentes. Quando essas condições não estão presentes dá-se, então, o que Castel (1998) denominou de individualismo negativo ou indivíduo *par défaut* (Castel, 2004/2006), incapaz de algum tipo de liberdade e independência, na falta de suportes sociais indispensáveis. A contribuição de Castel de modo algum ignora ou se opõe às pertinentes críticas foucaultiana e deleuziana aos modos de apropriação e gerenciamento realizados pelos saberes e poderes, mas justamente discute condições de possibilidade de emergência de formas de resistência à sociedade de controle a partir da ênfase na exigência de suportes sociais que permitam a criação de linhas de fuga. Por outro lado, sua tese de que os indivíduos só se tornam indivíduos porque lhes são garantidas condições para sê-lo em muito se assemelha à posição winnicottiana sobre a centralidade do entorno na constituição do eu (Mizrahi e Garcia, 2007). Ao fazer esta aproximação estamos, de fato, estendendo o conceito de ambiente suficientemente bom para o campo das relações sociais, o que vai nos possibilitar discutir algumas consequências subjetivas do cenário social em que se dá a constituição do sujeito hoje.

A sociedade narcísica a que se refere Sennett, o sentimento de insuficiência e a prevalência dos sintomas depressivos apontados por Ehrenberg e o individualismo negativo discutido por Castel são algumas das manifestações subjetivas presentes na sociedade contemporânea que entendemos como efeito das novas relações entre o público e o privado. De fato, a inflação da esfera privada, agora desvinculada da esfera pública, ao invés de fortalecê-la, como se poderia supor, fragiliza seu funcionamento, prejudicando a realização de suas funções primárias. Nestas condições o processo de constituição psíquica é crucialmente prejudicado, já que a esfera privada, desvinculada de suas raízes sócio-históricas e elevada à categoria de lócus exclusivo de constituição subjetiva, fracassa no seu papel de meio ambiente estruturante confiável, o que requer a continuidade de um entorno público consistente e confiável.

Dentre as várias e graves consequências do fracasso do privado na consecução de suas funções primárias é de especial relevância aquela que se refere à sua incapacidade de se apresentar não apenas como um ambiente suficientemente bom (Winnicott, 1945/1978), mas também como objeto de investimento que contém o excesso pulsional. Este duplo fracasso interfere gravemente no processo de constituição subjetiva, mais especificamente na construção dos limites psíquicos. Nestas circunstâncias, o processo de diferenciação eu/não-eu e, portanto, a própria constituição de um espaço psíquico individual são crucialmente afetados. Prejudicado, assim, no processo de construção de seus limites psíquicos e submetido ao excesso de excitação próprio das situações nas quais o objeto falha na sua função *princeps* de continente, o sujeito se mostra preocupantemente vulnerável aos eventos traumáticos. A radicalização deste perfil subjetivo se apresenta na clinica psicanalítica dos tempos atuais através dos pacientes no limite da analisabilidade (Green, 1975, 1990, 1999) que, em função de suas dificultosas relações com o objeto primário, são severamente prejudicados no seu processo de constituição das fronteiras intrapsíquicas e intersubjetivas, o que evidentemente se reflete nos prejuízos à sua capacidade de representação, características também evidenciadas de forma menos pungente no que tem sido denominado de indivíduo hipermoderno (Aubert, 2004/2006).

O termo hipermodernidade vem sendo empregado por um grupo de pesquisadores coordenado inicialmente por Max Pagés, de Paris VII, para designar os tempos atuais não mais concebidos como uma ruptura, mas como uma exacerbação da Modernidade representada, principalmente, pelas ideias de excesso e intensidade aqui entendidos como acúmulo de informação, de consumo, de exigência de bom rendimento. Para a psicanálise a categoria de excesso remete imediatamente ao conceito de pulsão e seus destinos, tema presente no texto freudiano desde seus primórdios.

No "Projeto para uma psicologia científica" (1895/1996) Freud se propôs a descrever o funcionamento do aparelho psíquico submetido ao impacto de energias que provêm da realidade externa, enquanto estímulos, e do interior do organismo, enquanto excitação endógena, mais tarde denominada de pulsão (Freud, 1905/1996). A função psíquica por excelência seria, então, realizada pela contenção e domínio do excesso de excitação através da construção de traços mnêmicos, representações e afetos investidos que possibilitariam a simbolização de produção de significado. Então, desde as primeiras formulações freudianas, pulsão é exuberância, excesso que requer a presença do objeto enquanto lócus de investimento mas também, e principalmente, continente.

Na verdade, o objeto é o revelador da pulsão que, paradoxalmente, o constitui através do investimento, mas é também aquilo que possibilita contê-la. Esta relação primária e primordial entre a pulsão e o objeto, que se constituem ao longo do processo, possibilita a emergência de limites intrapsíquicos e intersubjetivos que, por sua vez, vão permitir a produção de representações e garantir a continuidade de investimento pulsional à disposição para o estabelecimento de novas relações com o objeto e outros destinos pulsionais, como a sublimação. Nas patologias do esgotamento (Aubert, 2004/2006), este processo é gravemente impedido e o potencial traumático inerente à situação de excesso pulsional se intensifica, prejudicando a constituição dos limites psíquicos e evidenciando uma dificuldade de diferenciação eu/não-eu (Cardoso & Garcia, 2010).

Uma consequência crucial deste conjunto de acontecimentos é o prejuízo da capacidade representacional e suas repercussões sobre o movimento pulsional. O sujeito passa, então, a apresentar um funcionamento psíquico que corresponde ao modelo do agir na repetição, como apresentado no texto freudiano principalmente a partir de 1920, em detrimento do primeiro modelo freudiano do sonho e da representação (Green, 1990). Nestes casos, a lembrança foi substituída pela atuação e a realização alucinatória do desejo pela alucinação negativa do pensamento. Este é o cenário que se apresenta na clinica dos casos limites, constituída por pacientes que se caracterizam, justamente, pelo prejuízo à capacidade de construir representações e, portanto, de pensar, o que interfere dramaticamente com sua dinâmica desejante.

O interesse pela discussão sobre a temática dos limites psíquicos se fez presente na produção psicanalítica de A. Green na década de 1960 (Garcia, 2007) e vem se intensificando, nos últimos anos, a partir de sua discussão sobre as transformações teórico-clinicas emergentes no campo psicanalítico, principalmente aquelas que se referem às patologias limítrofes (Green, 1990, 1993, 1999, 2002). Sempre remarcando a importância da articulação necessária e inevitável entre pulsão e objeto, Green aponta para a relevância das relações entre o objeto primário e a pulsão de morte, enquanto trabalho do negativo (Green, 1993/1995) no processo de constituição psíquica. Ao longo de seus trabalhos, e fazendo jus à sua autonomeação de winnicottiano francês, Green remarca enfaticamente a importância do ambiente nos destinos das relações entre a pulsão e o objeto, relações sempre mediadas por um ambiente que pode ou não se mostrar como suficientemente bom (Winnicott, 1945/1978).

Neste contexto de discussão enuncia sua tese central, representada pelo postulado sobre a necessidade de que o objeto primário se deixe apagar transformando-se em estrutura psíquica e desdobrando-se em múltiplos objetos, o que resulta do trabalho do negativo (Green, 1986/1993). Em outras palavras, é imprescindível que o objeto seja negativizado para que a diferenciação eu/não-eu possa ocorrer e o espaço psíquico se constituir. No entanto, este desfecho desejado exige a presença de um ambiente que seja capaz de responder adequadamente ao que se apresenta, o que inclui resistir, sem retaliar, aos ataques necessários à construção de externalidade (Winnicott, 1969/1975) ou a manifestações do negativo indispensáveis ao processo de apagamento do objeto (Green, 1986/1993). A pulsão de morte, enquanto trabalho do negativo, assume aqui uma feição estruturante e necessária em diferentes apresentações, dentre as quais a alucinação negativa ocupa lugar de destaque ao contribuir para o esquecimento do objeto (Figueiredo & Cintra, 2004). Cria-se, assim, a possibilidade de construção de uma ausência enquanto presença em potencial que passa à condição de estrutura constituinte do psíquico e permite a emergência da função de representação no espaço psíquico agora constituído e diferenciado.

> Estes comentários me levam, portanto, a insistir sobre a estrutura constituinte da alucinação negativa ou, para ser mais exato, sobre sua função enquadrante da representação. A alucinação negativa não é um fenômeno patológico. Não é a ausência de representação [...] mas a representação da ausência de representação (Green, 1993/1995, p. 382; tradução minha).

Mais uma vez a função do ambiente é crucial. Para que a alucinação negativa possa ocorrer é necessário que o objeto seja negado, atacado, ignorado sem revidar, mas continue a oferecer uma presença consistente e confiável. Só assim uma ausência enquanto presença em potencial pode se constituir, permitindo a construção de uma primeira delimitação dentro-fora.

Este curso de acontecimentos nem sempre segue esta sequência ideal. De fato, isto não é o que acontece nos casos limites, nos quais as falhas ambientais não permitem que o objeto se deixe apagar. Ocorre, então, que a indiferenciação primordial permanece, o que interfere na construção dos limites psíquicos, prejudicando o pensamento e, em última instância, a emergência do desejo. Neste caso, a pulsão de morte assume um caráter exacerbado e destrutivo, manifestando-se nos fenômenos extrarrepresentacionais que tanto podem se apresentar como passagem ao ato, quando a barreira do para-excitação é curto-circuitada, ou como psicossomatose, quando os limites somatopsíquicos são explodidos. A predominância da cisão, enquanto mecanismo constituinte central, e a constituição do objeto obstipante, que indica a presença de uma analidade primária (Green, 1993/1995), também são sinais indicativos de uma dinâmica pulsional desobjetalizante, representativa da pulsão de morte. Em todos estes casos as fronteiras psíquicas se mostram como territórios onde acontecem coisas frente à impossibilidade de representar, função psíquica primordial cujo lócus de produção é o próprio aparelho psíquico, entendido como espaço intermediário entre o mundo externo e o organismo.

Retomando nossa tese inicial, voltamos a afirmar que o empobrecimento da esfera pública e a reificação da esfera privada, agora entendida como lócus por excelência de constituição subjetiva, resultam em novas condições de subjetivação que acarretam um excesso de intensidades que assoberbam o sujeito. Por um lado presenciamos a negação da gênese sócio-histórica do domínio privado e, portanto, da própria constituição psíquica, o que se faz acompanhar pela fantasia onipotente de um autoengendramento narcísico que dificulta o convívio com a diferença e com o conflito no espaço público. Por outro lado, assistimos a uma deterioração crescente dos suportes materiais e simbólicos que sustentaram o exercício de uma liberdade possível, até meados do século XX, acoplada à exigência de autonomia e sucesso pessoal cujo fracasso previsível suscita um sentimento generalizado de insuficiência e sintomas depressivos. Estes parâmetros constroem o entorno em que se dá o processo de constituição subjetiva na sociedade contemporânea, em que constatamos, na vida cotidiana, e mais dramaticamente no exercício da clínica psicanalítica, o aparecimento gradual e preocupante do indivíduo hipermoderno (Aubert, 2004/2006), acossado por um excesso de intensidades que não consegue dominar devido à fragilidade de sua constituição subjetiva.

Em suma, nossa hipótese sugere que atualmente as condições vigentes na esfera privada são propícias ao estabelecimento de relações especulares e aglutinadas que redundam numa intensa dificuldade de diferenciação eu-outro, expressão pungente da insistência do objeto que não se deixou apagar. Os prejuízos que daí resultam são inúmeros. Dentre eles nos parecem especialmente pungentes aqueles que se referem ao pensamento e se apresentam na dificuldade de construir representações que, em última análise, possibilitariam a realização alucinatória do desejo na vigência do princípio do prazer. Neste sentido, desejar implica necessariamente na capacidade de representar. De fato, para Green (1990), é a promessa de realização inconsciente do desejo, veiculada pela representação, que sustenta a lógica da esperança, possibilidade aparentemente distante do indivíduo hipermoderno, imerso em si mesmo e à mercê do outro semelhante e do outro que o habita, num contexto em que parecem predominar o declínio do interesse pelas questões públicas, o esvaziamento da política do bem comum e a ausência de projetos coletivos.

Referências

Arendt, H. (1958/2000). *A condição humana*. Rio de Janeiro: Forense Universitária.

Aubert, N. (2004/2006). Un individu paradoxal. In: N. Aubert (org.). *L'individu hypermoderne* (pp. 13-24). Paris: Éditions Érès.

Bezerra, B. (2002). O ocaso da interioridade e suas repercussões sobre a clínica. In: C. A. Plastino (org.). *Transgressões* (pp. 229-239). Rio de Janeiro: Contracapa.

Cardoso, M. R & Garcia, C. A. (2010). *Entre o eu e o outro. Espaços fronteiriços*. Curitiba: Editora Juruá.

Castel, R. (1998). *As metamorfoses da questão social: uma crônica do salário*. Petrópolis: Vozes.

Castel, R. (2004/2006). La face cachée de l'individu hypermoderne: l'individu par défaut. In: N. Aubert (org.). *L'individu hypermoderne* (pp. 119-128). Paris: Éditions Érès.

Debord, G. (1992/1997). *A sociedade do espetáculo. Comentários sobre a sociedade do espetáculo*. Rio de Janeiro: Contraponto.

Ehrenberg, A. (1998/2000). *La fatigue d'être soi. Dépression et société*. Paris: Odile Jacob.

Figueiredo, L. C. & Cintra, E. U. (2004). Lendo Andre Green: o trabalho do negativo e o paciente limite. In: M. R. Cardoso (org.). *Limites* (pp. 13-58). São Paulo: Escuta.

Freud, S. (1895/1996). Projeto para uma psicologia científica. *Obras completas, ESB*, v. I. Rio de Janeiro: Imago.

Freud, S. (1905/1996). Três ensaios sobre a teoria da sexualidade. *Obras completas, ESB*, v. VII. Rio de Janeiro: Imago.

Freud, S. (1920/1996). Além do princípio de prazer. *Obras completas, ESB*, v. XVIII. Rio de Janeiro: Imago.

Garcia, C. A. (2005). Trauma e narcisismo negativo: questões para a clínica contemporânea. *Trieb. Nova série, IV*(1-2), 143-154.

Garcia, C. A. (2007). Os estados limites e o trabalho do negativo: uma contribuição de A. Green para a clínica contemporânea. *Revista Mal-Estar e Sociedade, VII*(1), 123-135.

Green, A. (1975). The analyst, symbolization and absence in the analytic setting (on changes in analytic practice and analytic experience). *International Journal of Psychoanalysis, 56*, 1-22.

Green, A. (1986/1993). *El trabajo de lo negativo*. Buenos Aires: Amorrortu.

Green, A. (1990). *La folie privée. Psychanalyse des cas-limites*. Paris: Gallimard.

Green, A. (1999). Genèse et situation des états limites. In: J. André (org.). *Les états limites. Nouveau paradigme pour la psychanalyse?* (pp. 23-67). Paris: Presses Universitaires de France.

Green, A. (2002). *Idées directrices pour une psychanalyse contemporaine. Méconnaissance et reconnaissance de l'inconscient*. Paris: Presses Universitaires de France.

Lasch, C. (1977/1991). *Refúgio num mundo sem coração. A família: santuário ou instituição sitiada?* Rio de Janeiro: Paz e Terra.

Lasch, C. (1984). *The minimal self. Psychic survival in troubled times*. New York: W. W. Norton & Company.

Mizrahi, B. G & Garcia, C. A. (2007). A capacidade de estar só: um contraponto winnicottiano ao ideal de autonomia absoluta. *Psicologia em Revista, 13*(2), 267-280.

Sennett, R. (1974/1978). *The fall of public man. On the social psychology of capitalism*. New York: Vintage Books.

Winnicott, D. (1945/1978). Desenvolvimento emocional primitivo. In: Winnicott, D. *Textos selecionados da pediatria à psicanálise* (pp. 269-285). São Paulo: Francisco Alves.

Winnicott, D. (1969/1975). O uso de um objeto e relacionamento através de identifica çoes. In: *O brincar e a realidade* (pp.121-132). Rio de Janeiro: Imago.

O cuidado e o sujeito: questões acerca da clínica ampliada

Denise Teles Freire Campos*

O presente trabalho tem por objetivo contribuir para o aprofundamento da discussão sobre o que hoje se começa a chamar de "clínica ampliada". Para mim trata-se da renovação de um antigo problema. Do ponto de vista histórico pode-se afirmar que Freud foi o primeiro a praticar a psicoterapia propriamente dita, dentro do campo da ciência moderna, criando um modelo de atendimento inspirado no modelo do consultório e da consulta médica (Roudinesco, 2003). Desde então este modelo serviu para as demais psicoterapias científicas, deixando solta a clínica para além do consultório. Este modelo se consagrou no consultório particular, como veremos adiante. Pode-se notar que mesmo o psicodrama, que nasceu nas ruas, quando se institucionalizou como prática psicoterápica dentro do campo da psicologia científica, teve seus praticantes voltados para o consultório.

Neste sentido, dois eixos de interrogação serão desenvolvidos. O primeiro é constituído da fórmula já consagrada no campo da saúde mental no Brasil "pós-reforma psiquiátrica" e vem do adágio "trazer o sujeito para o centro da cena clínica" (Rinaldi, 2000; Campos, Rosa & Campos, 2010). Então se trata de um princípio, um esforço, uma postura, a de

* Professora na Graduação e no Programa de Pós-Graduação em Psicologia na UCG – Pontifícia Universidade Católica de Goiás. Psicanalista.

restituir ao sujeito atendido o lugar de *sujeito*, particularmente sujeito do inconsciente e sujeito que fala. O segundo eixo se dirige a refletir sobre a relação complexa entre cultura e identidade no contexto das instituições do cuidado psicológico.

Um primeiro ponto a se esclarecer é o entendimento da noção de "clínica ampliada". A expressão não tem valor de conceito, mas sim de noção. Ela pode ser compreendida, pelo menos aqui neste texto, como uma noção que abarca as práticas do cuidado clínico no campo psicológico que não ocorrem dentro do espaço já histórica e epistemologicamente consolidado do consultório clássico. Ou seja, não se encontram totalmente inscritas no modelo do consultório particular, não estão totalmente "protegidas" por um conhecimento clínico consolidado, por teorias já estabelecidas e condições físico-espaciais sob controle do psicólogo.

Em qual lugar ou espaço sujeitos que necessitam de cuidado psicológico vão encontrá-lo, para além ou para aquém do consultório particular? Insisto que este adjetivo "particular" é pleno de consequências: quando o sujeito antevê a necessidade ou vontade, seja de psicoterapia ou de psicanálise *stricto sensu*, e procura um profissional, é no espaço da clínica particular. Em todos dispositivos próximos o atendimento individual é mediado por uma série de protocolos, procedimentos e ritos que afirmam e impõem uma "cultura institucional". Podemos citar por exemplos o atendimento em consultório oferecido por clínicas-escolas, clínicas sociais (hoje comuns nas associações profissionais de psicólogos clínicos que visam à formação de terapeutas), serviços em igrejas ou hospitais à vocação filantrópica etc.

Nestes casos o atendimento é individual, porém não se trata mais do consultório clássico, centrado basicamente na relação terapeuta-paciente, uma vez que é a instituição que engendra o vínculo entre cuidador, terapeuta ou analista, e o sujeito a ser cuidado. Neste contexto são "duas demandas" que se superpõem: a demanda do sujeito que procura a instituição e a "demanda" da instituição que acolhe o paciente, porém no intuito de cumprir sua missão de atendimento que não é necessariamente, nem automaticamente, coincidente com a demanda do sujeito. Podemos falar de uma situação ternária na qual existem dois sujeitos visíveis, terapeuta e paciente, e um terceiro que se faz elíptico, aquele que faz a sombra determinando quais práticas – do pagamento à alta – são aceitáveis ou não.

Vamos tomar o exemplo de profissionais do cuidado *psi* que atuam em hospitais, frequentemente presentes nos serviços de cardiologia, oncologia, obstetrícia, nefrologia (serviços de diálise). O profissional é chamado por um "outro" (médico, administrador, enfermeiro etc.) a prestar atendimento a partir de uma necessidade, segundo os critérios deste "outro" que representa o interesse da instituição ou serviço, que indica como sugestão ou imposição. Em alguns hospitais ou clínicas adota-se o procedimento de perguntar ao paciente ou à família se eles querem (e não se eles desejam, no sentido psicanalítico, mesmo porque o desejo não pode ser perguntado!) ser atendidos. Assim, não poderíamos considerar este proceder como uma demanda do sujeito, como manifestação de um desejo.

No caso destes atendimentos individuais em consultórios de clínicas sociais ainda encontramos muitas semelhanças com o consultório clássico particular. Porém, nas práticas não delimitadas por quatro paredes e uma díade, vamos encontrar de modo mais nítido a noção de clínica ampliada. Posso citar como exemplos: as entrevistas de acolhimento, serviços ou grupos de triagem, atendimento em grupo, acompanhamento terapêutico (AT), "profissional de referência", grupos de atenção a familiares etc. Abre-se um quadro muito mais complexo: o "atendimento" se dá sem o controle físico-espacial do consultório, em meio a um conjunto de relações transferenciais com outros profissionais das equipes interdisciplinares, encaixado entre outras modalidades de atendimento.

Este breve levantamento de situação aponta inequivocamente para o fato de que, no concreto, a "clínica ampliada" é sempre uma clínica no espaço institucional. Isto tem consequências pesadas sobre as práticas do cuidado psicológico que podem ser ali construídas. Uma primeira questão a ser considerada é então: qual a distância entre o cuidado que a instituição oferece e o cuidado que o sujeito demanda?

O cuidado com a saúde, risco e vulnerabilidade

A rigor nenhuma instituição "deseja", é uma impossibilidade uma vez que elas, as instituições, são construções humanas, sociais e históricas, cumprem funções societárias. Entretanto, como afirma Enriquez (1991), as instituições são habitadas por subjetividades, o que faz com que, não importa sua natureza autoritária ou democrática, nelas sempre possam ocorrer encontros intersubjetivos.

Pode-se afirmar que as instituições que têm a finalidade do cuidado com a saúde, sendo aquelas dedicadas ao cuidado *psi* aqui incluídas, vão sofrer, na segunda metade do século XX, um profundo impacto da "nova concepção de saúde". A medicalização da saúde desencadeada pelo cientificismo do século XVIII produziu uma cultura, talvez uma ideologia da saúde como ausência de doença. Esta noção se tornou, nos tempos recentes, cada vez mais ambígua e de objetivação delicada. Neste sentido a distinção existente na língua inglesa entre "doença" como mal-estar, como o fato de "não se sentir bem" (*illness*) e "doença" como patologia (*disease*) adquiriu uma grande importância nos países ricos (Morin, 2004; Martins, 2005).

Sociologia, economia, epidemiologia e psicologia da saúde se uniriam para "demonstrar" a determinação social e psicológica de várias doenças. Cultura e comportamento culturalmente valorizados podem favorecer o aparecimento de doenças ou, por outro lado, podem evitá-las. A noção genérica de "bem-estar" e seu promotor, a prevenção, entram na elaboração das políticas públicas, no planejamento das ações e na organização dos serviços de saúde para produzir as "novas práticas de saúde".

Para Giddens (1991) a ideia de uma "sociedade do risco" pode ser exagerada, contudo ele considera que a dimensão do risco tem uma grande importância nas sociedades da modernidade tardia. Segundo seu pensamento, a modernidade instalou e operou processos contínuos de *desencaixe* das relações tempo-espaço, ou seja, promoveu o deslocamento sem cessar das pessoas, afastando-as das suas referências de locais e tempo de vida. Estes desencaixes foram necessários para quebrar o antigo vínculo social comunitário pré-moderno.

A consequência foi o afastamento do indivíduo de suas âncoras tradicionais da identidade. Isto também foi feito para que as pessoas confiassem nos sistemas abstratos ou "sistemas peritos" de organização do mundo social, gerados e regulados pelas instituições modernas. Estes sistemas abstratos solicitam que os indivíduos não confiem mais nos seus próximos (uma vez que se encontram desencaixados, portanto longe dos próximos...) ou em pessoas. Assim, a *confiança* foi deslocada de um modo de vida amparado na mutualidade e na intimidade para as instituições modernas: "A confiança em sistemas abstratos é a condição do distanciamento tempo-espaço e das grandes áreas de segurança da vida cotidiana que as instituições modernas oferecem em comparação com o mundo tradicional" (Giddens, 1991, p. 116).

Em Freud (1930/1996) já se encontra a ideia de que as pessoas trocaram uma parte da satisfação dos impulsos em favor da possibilidade de vida em sociedade (cultura): renúncia de uma parte da felicidade em troca de uma parte de segurança. Porém o próprio Giddens (1991) alerta para o fato de que uma parte significativa do perigo simplesmente não pode ser transformado em certeza, ou seja, segurança. Bauman (1998) afirma, com certa ironia que o mal-estar da modernidade estava no fato de o homem moderno se entrincheirar numa espécie de segurança que permitia pouca liberdade, enquanto o "mal-estar" pós-moderno consiste no inverso: ter liberdade na busca pelo prazer, sem segurança nem de encontrar algum prazer.

Paralelamente a uma "ilusão de segurança", a modernidade tardia quebrou o mito do progresso e também produziu a "consciência do risco" cotidianamente reforçado pela ciência, que aponta fenômenos antes "invisíveis" (o aquecimento global, as bactérias multirresistentes, a ameaça nuclear, os Tsunamis etc.); do mesmo modo, produziu a percepção das limitações dos próprios sistemas peritos em controlar os perigos. Cresce o medo nas sociedades modernas.

> É como se os nossos medos tivessem ganhado a capacidade de se autoperpretar e se autofortalecer; como se tivessem adquirido ímpeto próprio – e pudessem continuar crescendo com base única em seus próprios recursos. [...] O "destino" está de acordo com a ignorância e o desamparo humanos e deve seu poder enorme e assustador à debilidade de suas vítimas (Bauman, 2007, pp. 16-17).

Desencaixado, o homem conta com o Estado, a ciência e seus aparatos (dentre eles os sistemas abstratos) para prever e controlar os riscos. Porém, confrontado ao imprevisível do Real, é ao seu próprio desamparo que ele é entregue, com seu consentimento livre e esclarecido.

A noção de vulnerabilidade tem aplicação adequada em vários campos da medicina, da epidemiologia ou da psicologia social, por exemplo apresentando ganhos em compreensão. Uma aplicação adequada se constitui em permitir integrar as ações de saúde pública em obesidade na mesma orientação dada a epidemias cujo comportamento das pessoas é um elemento determinante e não-controlável da difusão, como, a exemplo, a epidemia da AIDS. Neste sentido, e de modo legítimo, não se pode falar de "grupos de risco", mas de condutas que as pessoas adotam ou não e que resultam em prevenção ou em "risco", vulnerabilidade.

Porém o uso generalizado, sem o rigor conceitual, da noção de vulnerabilidade é que dá mais veracidade à noção de transtorno como equivalente à doença, uma vez que o agente de predisposição está no indivíduo. No caso da obesidade, dizer que os sujeitos têm uma vulnerabilidade de ordem emocional que os predispõe ao ganho excessivo de peso ajuda a situar uma "provável causa" no indivíduo: as assistências médicas, nutricionais, cirúrgicas etc. podem continuar centradas no controle do peso e da gordura, relegando a atenção para com a vulnerabilidade à esfera das decisões privadas do indivíduo.

Ainda um cuidado necessário ao se considerar este tipo de "modelo" explicativo constitui conceber que, se há uma "vulnerabilidade" que entra em relação com a cultura, esta relação é sempre mediada por um outro. O palco de embate entre o imaginário social e a formação do sintoma é a própria relação com a alteridade e, sobretudo, na sua formação na relação básica com o representante da função materna (Enriquez, 1991).

Risco e vulnerabilidade são noções que se aplicam, apesar das críticas, à prevenção de doenças. Mas poderiam elas ser aplicadas ao sofrimento psíquico e seu cuidado. Àqueles que adotam uma posição de restringir o sofrimento psíquico às definições operacionais dos transtornos a resposta pode se afirmativa, embora, ainda sim, com precaução. Mas esta não é a posição de uma psicopatologia preocupada com o sujeito ou de uma psicopatologia fundamental e não pode ser a resposta daqueles que acreditam que a psicologia tem uma posição primordial e não apenas suplementar.

Os atendimentos "fora do consultório clássico" já existiam na metade do século passado, mas a sua difusão e expansão coincidem com o avanço da "cultura da saúde integral", com a ideologia do risco e vulnerabilidade assim como com a política massiva da prevenção. A seguir vou levantar algumas questões sobre o impacto desta "cultura" no cuidado com o sofrimento psicológico e suas consequências na clínica ampliada.

Entenda-se claramente que não se trata de ruptura da ordem médica, nem da medicalização da saúde, mas sim da instalação de outra ordem, ditada pela mesma instância macrossocial: a ciência moderna. A "sociedade" e a ciência (medicina e psicologia aqui de mãos dadas) exercerão uma nova forma de regulação, na qual o saber sobre o destino pulsional de cada um e a verdade que o sujeito constrói sobre seu gozo não mais serão reconhecidos como pertencentes ao sujeito: a verdade do sujeito será objeto de investigação científica e de uma aceitação pela via da explicação. Algo ou alguém se desviou durante o processo de subjetivação, durante o processo de formação da escolha de objeto. Não mais caso de internação, chacota ou exorcismo, os transtornos serão doravante assunto de *experts* científicos e de mídia, sobretudo a televisiva.

A psicanálise não se propõe ocupar o lugar de agente da ordem, de instrumento de manutenção do *status quo* da civilização moderna. Sua proposta é dar ao sujeito condições para que ele consiga encarar de maneira diferente da atual sua existência e sua relação com o próprio desejo. Esse suporte não suprime o trabalho de inclusão, pois o campo conjunto da cidadania e da clínica só pode ser construído de modo complementar.

Cultura e identidade: o que se pode escutar na clínica ampliada?

Na obra de Freud já está claro que a cultura participa da formação das subjetividades. Embora não se possa dizer que ele desenvolveu os mecanismos sociais pelos quais esta operação ocorre, desde o início seu pensamento afirma que o desenvolvimento libidinal ocorre dentro de uma realidade compartilhada (civilização), não é biologicamente determinado e é uma função da relação com a *alteridade*. Porém sabe-se que, neste contexto, a identidade é um conceito chave que não foi desenvolvido por Freud. Por influencia de Tarde, mas sobretudo de Gustav Le Bon, ele se ocupou intensamente dos mecanismos psicológicos da *identificação*, ou seja, não do produto, a identidade, mas do processo de formação do eu, no qual a identificação é a base.

Inspirado na diferença entre "sociedade civilizada" e "sociedade primitiva", de Levy-Brühl, Freud assimilava a noção de cultura (*Kultur*) à de civilização, que podia ser definida como um conjunto de valores, crenças, mitos, ritos, hábitos dentre os quais as manifestações artísticas e religiosas seriam as expressões mais elaboradas e simbólicas. A civilização como resultado do sacrifício das pulsões (Eros e Thanatos) é a renúncia à satisfação imediata das pulsões tanto na forma do prazer quanto no da agressividade. A cultura, como resultado de um recalque, se constitui em um constante recriar: a repetição.

Na formação do psiquismo (Sujeito) através do desenvolvimento libidinal, a identificação primária ao pai, a identificação edipiana e as identificações posteriores (associadas aos substitutivos do objeto de amor edipiano) serão decisivas. Na "trama edipiana", a angústia da castração e a renúncia ao objeto de amor primário levariam à identificação com o agressor e à formação do superego, o "herdeiro do Édipo". A chave do processo é a introjeção da autoridade paterna, ou seja, um processo de identificação. Mais uma vez encontramos o princípio pelo qual a relação com a cultura será sempre mediada pela Alteridade.

Note-se que a segunda tópica é uma proposta que não mais situa a libido no registro do biológico e das trocas energéticas, pois instala o aparelho psíquico no registro da cultura. Neste contexto o Supereu estabelece um movimento de retardamento da satisfação pulsional e, como instância, tem uma função civilizatória, pois impõe mediações para o gozo, colocando o homem em acordo com a realidade compartilhada:

> a cultura se revela assim não só como poder de coerção, mas como espaço de manifestação e satisfação, dentro de limites variáveis, das duas pulsões. O sacrifício imposto ao homem, porém, é para Freud mais poderoso do que as possibilidades de satisfação pulsional oferecidas pela cultura, e isso não apenas devido às limitações crescentes impostas à sexualidade, analisadas anteriormente, mas também e sobretudo por causa da coerção, muito violenta, das tendências agressivas. É por meio

> do superego e do sentimento de culpabilidade que se dá essa coerção; cabe agora, portanto, estudar mais de perto a vertente cultural desses elementos psíquicos (Mezan, 2006, p. 562).

O conceito de identificação é tão central na teoria psicanalítica da formação do sujeito que, para Lacan, ela é o nome do processo que designa a formação mesma de um novo sujeito, distinta em duas dimensões: a identificação simbólica (primária), que dá origem ao sujeito do inconsciente, e a identificação imaginária, que dá origem ao eu. A operação que permite a identificação é a castração entendida como operação simbólica. Ela é o corte produzido por um ato que cinde e dissocia o vínculo imaginário e narcísico entre a mãe e o filho no quadro de uma relação imaginária entre uma mãe que acredita ter o falo e o filho que acredita sê-lo. A palavra paterna encarna a lei simbólica e opera uma dupla castração: castrar o Outro materno de ter o falo e castrar a criança de ser o falo.

A castração toma forma (*mis-en-forme*) na separação entre o corpo e o falo da criança e pode ser lida como perda irreparável. Instaura uma *falta* que nunca poderá ser preenchida: é a fantasia mesma do Outro e da fusão que ele representa entre corpo e falo, mãe e criança que são para sempre perdidas. Instaura-se uma falta que é recalcada e precisa ser *simbolizada*. O *falo* é uma função que opera pelos seus efeitos de significante. Por meio desta operação simbólica o sujeito se torna uma "cadeia simbólica" marcada pelo desejo (a falta produz o desejo).

A cultura pode ser vista como uma rede de significantes (manifestos em valores, atitudes, imagens, mitos, crenças, ritos etc.) postos na realidade. É esta rede, e por intermédio da linguagem (da fala), que o sujeito, em seu modo peculiar (singular) de escolha de objeto, em sua economia libidinal, "adota" para representar a si mesmo como sujeito.

Se a questão da identidade é central, Bauman (2005) alerta para o fato de que ela se tornou não somente uma questão para o homem moderno, mas, incisivamente, uma tarefa. A questão parece simples de início: quem sou eu? Ora, esta questão somente faz sentido se existirem, ao menos em hipótese, várias possibilidades para o "eu" se encontrar, se reconhecer e se apresentar no mundo. Tal situação era de todo impensável na Idade Média, pois o nascimento, com o peso de um sítio geográfico circunscrito e o peso dos laços de parentalidade, já marcava o indivíduo de tal modo que a questão mesma da identidade não se colocava.

Na atualidade, a tarefa da identidade se mostra irrealizável, infindável, líquida, dado que as condições de ancoragem da identidade em algum traço permanente, em qualquer "comunidade", grupo social ou história de vida são instáveis (Bauman, 2005; Giddens, 1993). Giddens, aliás, afirma que a reflexibilidade da atualidade é esta: toda instituição será revista, re-visitada, questionada à luz de novas informações. Do mesmo modo, as relações íntimas e o projeto-do-eu serão objeto de uma revisão constante e inesgotável. Visto que as sustentações da identidade são, elas também por sua vez, questionadas, revistas, a reflexibilidade toma o próprio eu como objeto de revisão, monitoração e controle.

A tarefa da construção de sua própria identidade exige do homem moderno uma autorregulação do que pretende ser, dos resultados atingidos ou não, das estratégias para se tornar o eu mesmo que se representa em uma projeção no futuro; a reflexibilidade cai por sobre o próprio sujeito, sendo finalmente uma autorrevisão sem o parâmetro de uma visão inicial estável.

Na clínica ampliada, qualquer que seja a situação de atendimento psicológico, o "cuidador" sempre vai se deparar com dilemas de identidade que levam o sujeito ao sofrimento.

De uma estranha encruzilhada entre identidade e subjetividade

Embora Freud (1925/1996) tenha aproximado a noção de subjetivo à atividade de representação, a existência de um conceito de subjetividade em sua obra é alvo de polêmica. Para Queiroz (2004), a noção de subjetividade, em Freud, seria o resultado dos processos de simbolização e remete à maneira pela qual o sujeito se apropria das experiências e do mundo. A subjetividade, neste sentido, poderia ser entendida, a partir de Freud, como o modo pelo qual o sujeito torna-se sujeito de si mesmo.

Note-se que a noção de subjetividade não é essencial para compreender o sujeito, sua constituição e a formação da cadeia simbólica. Não é um conceito-chave. A noção de subjetividade em psicanálise é apenas operacional: ao invés de nos remetermos às representações psíquicas específicas, remetemos ao conjunto delas que, em seu todo – se ele fosse acessível –, se confunde com seu portador, o sujeito. Enfim, os dois conceitos, sujeito e representação psíquica, são suficientes para indicar as simbolizações operadas pelo sujeito, consciente e inconscientemente.

A noção de subjetividade nos parece mais interessante no contexto da prática clínica e na interface desta com o mundo da cultura. Nós definimos a subjetividade como a resultante, em um dado momento, do esforço de construção de verdade, pelo sujeito, sobre si e sobre o mundo dentro da cultura.

Major (2002) analisa que Lacan, mais radical e freudianamente, nos alerta para o fato de que o sujeito nunca fala de onde pensa que fala. O sujeito fala-se a partir de uma falta que lhe é constitutiva. Esta falta essencial deriva do reconhecimento da castração materna, também chamada de castração simbólica e motor do desejo.

O desejo continua sendo o substrato bruto a ser escutado e redirecionado nas falas de nossos pacientes, em qualquer contexto ou temporalidade. Até mesmo por isso, parece ser possível colocar em prática aqui a psicanálise praticada por Freud nos primórdios de seu percurso, na qual o objetivo é a ressignificação dos sintomas apresentados pelos pacientes. Ele o fazia sem a preocupação normalizadora que perpassa a clínica médica e que atualmente atinge também o campo do cuidado psicológico na clínica ampliada.

Se eu fizesse uma distinção grosseira, poderia dizer que a clínica no consultório clássico de psicanálise está para a subjetividade assim como a clínica ampliada está para a identidade. Além de grosseira, a distinção é inexata. No concreto, o sujeito é um só e os dois conceitos são plásticos o suficiente para abarcar uma dimensão mais societária do sujeito em sua articulação dialética com outra dimensão mais "subjetiva". A verdadeira questão é que o modelo do consultório individual (quase sempre "privado") se tornou insuficiente para dar suporte ao modo como a psicanálise busca compreender como o sujeito se constrói e sofre dentro da cultura.

Afinal, por que a clínica se tornou também "ampliada"? Por que há uma popularização ou difusão da demanda por cuidado psicológico? Aparentemente uma explicação simples é suficiente. O atendimento psicológico é uma oferta da pós-modernidade. Até os anos 1970, se uma criança tivesse problemas na escola, sua mãe ou pai nunca pensariam em "levar ao psicólogo". Do mesmo modo, em um serviço hospitalar de oncologia, não se pensava que o atendimento psicológico a pacientes ou familiares poderia contribuir no tratamento ou no suporte ao sofrimento.

A clínica se tornou também ampliada por um processo de psicologização das relações interpessoais decorrente de uma naturalização (e fetichização) do sofrimento psíquico (Gori & Del Volgo, 1998/2004). Ambos os movimentos correspondem à penetração do conhecimento científico na vida cotidiana. O sofrimento psíquico vem sendo enquadrado como fenômeno empírico-positivo, "da natureza", como oriundo de entidades tangíveis que são os transtornos. Sintetizando, prefiro falar de uma "fetichização do sofrimento psíquico", a bem da verdade efeito de uma fetichização da existência. Mas isto deve ser objeto de outro texto.

Este enquadramento tem desdobramentos práticos incessantes face a uma constatação implacável: sofrer causa desordem. O sofrimento psíquico tira o sujeito de sua zona de comodidade, do seu conforto, seja ele de ganho em bem-estar ou de ganho neurótico secundário. Sofrer tira o sujeito do seu dia-a-dia, das atividades e relações que lhe dão a sensação, ilusória ou não, de ser ele mesmo, sentimento de identidade estável. O sofrimento psíquico com suas consequências (os sintomas incluídos) "bagunçam" a vida do sujeito. Então o profissional é chamado a controlar, recolocar o transtorno na ordem. Na ideologia pós-moderna, no imaginário das novas formas de subjetivação (Birman, 2000) socialmente aceitas, não há lugar para o sofrimento. Ele é nocivo e inaceitável, vai contra a ideia de "bem-estar" ou de "saúde integral". Narciso tem dificuldade de suportar a dor, pois ela é imperfeição do ser!

Então o cuidado necessário: o profissional é convocado para suprimir ou controlar o sofrimento para que o sujeito não tenha que atravessá-lo (Guyommard, 1996; Campos, 2004). O psicólogo ou o analista não são incluídos pelas instituições da clínica ampliada como alguém que venha acolher o sofrimento e que se coloque na posição de escuta do singular do sofrimento do sujeito. Focar o sujeito significa trazê-lo para o centro da cena, para o interior de instituições cujo funcionamento é destinado a apagar a incômoda singularidade do *pathos*.

A escuta psicanalítica na clínica ampliada

O termo método psicanalítico é utilizado por Lacan para designar toda forma de prática analítica que seja executada em local que não seja o consultório clínico tradicional (Lacan, 1966/1998). Por outro lado, Baremblitt (1982, p. 23) afirma que a psicanálise está mais para "uma prática social científica composta de uma teoria, com um objeto formal abstrato específico (a estrutura psíquica) e com sua região determinante última (o inconsciente), por um método, uma técnica e uma situação experimental própria – a situação analítica". Nessa perspectiva, a prática psicanalítica pode se adequar sem empecilhos à clínica ampliada.

Sobre esse ponto, Freud (1919/1996) já assinalava que, na ausência de condições para a prática analítica, é possível ainda ajudar o paciente de alguma forma, colocando-o na situação mental mais favorável à solução do seu conflito.

Posso apontar o que, no meu entender (não exclusiva nem originalmente meu!), são as condições mínimas para o trabalho de escuta do sujeito: a) tendência do inconsciente a se manifestar; b) um espaço de acolhimento desta manifestação no qual a fala possa emergir em seu fluxo de associações, em seu desnovelar da cadeia simbólica, enfim espaço propício à transferência; e c) a presença de um profissional devidamente formado para a escuta. É nesse momento que se torna possível a confrontação do sujeito com as implicações de sua própria fala. Tal situação garante a esse método o *status* de psicanalítico, não importando se ele se dê no próprio *setting* ou em outro ambiente onde se pratica a clínica (Bueno & Pereira, 2002).

A dificuldade, então, é recuperar a dimensão do singular, que só se torna possível à medida que o sujeito encontra alguém a quem possa endereçar suas palavras, suas dores, seu desejo. É nesse contexto que entra em cena a transferência como veículo de fundamental importância para a prática psicanalítica.

Neste trabalho, a transferência é entendida como a retomada de sentido em uma nova organização do material significante fonemático e hieroglífico que havia sido relegado à condição inconsciente. Esse processo ocorre na análise pelo jogo do determinismo transferencial, no momento em que, segundo Gori (1998), elevamos o discurso associativo à categoria de equívoco, jamais o confundindo com um desenho a ser interpretado. É nesse sentido que o trabalho do psicanalista na clínica ampliada ganha uma dimensão ainda mais importante por duas razões.

A primeira delas refere-se aos efeitos de significante dos diagnósticos médicos e dos rótulos institucionais. O sujeito, na clínica ampliada, normalmente chega para o atendimento *psi* depois de ser rotulado, depois de receber um veredicto – e um significante! – sobre sua condição que se torna invólucro do seu ser. Por que não dizer, depois de receber um *diagnóstico* que explica seu sofrimento e isenta o próprio sujeito de se posicionar ativamente também como produtor de um sofrimento psíquico, "isento da parte que te cabe naquilo que te aflige", como diria Freud a Dora.

A segunda razão é que a clínica ampliada acontece, como já foi dito anteriormente, em um espaço institucional que tem uma visão e um objetivo com a impregnação destes rótulos no sujeito: o diagnóstico tem, na instituição, o efeito de enquadramento, de reordenamento dentro das práticas previstas e válidas naquele espaço. A impregnação do diagnóstico tem o efeito de começar a controlar o transtorno, o famoso desordeiro.

Defendo então a perspectiva de se ater à escuta do sofrimento para reencontrar o sujeito. Como afirma Del Volgo (1998), é necessário renunciar à representação visual do fenômeno psicopatológico para que haja a escuta de uma sonoridade significante do corpo, renunciando aos rótulos e aos diagnósticos operacionais. Para que a realidade psíquica possa ser conhecida pelo clínico, deve-se abandonar a ilusão de pensar que os transtornos trazem respostas satisfatórias aos dilemas sociais e inconscientes do sofrimento.

A escolha do termo *disorder* (transtorno) emerge como escolha, a de não estar prisioneiro da confusão de línguas (Campos, Rosa & Campos, 2010) que marca o surgimento da clínica psicoterápica no contexto das então chamadas doenças mentais. Justamente como aponta Foucault (1988), o termo doença induz a ideia de que os fenômenos das alterações psicopatológicas seriam da mesma natureza das doenças do corpo, como se psicopatologia e medicina fossem da mesma natureza. Um dos principais eixos problemáticos da prática psicanalítica em instituições deriva diretamente da crise da psicopatologia.

O uso indiscriminado de manuais operacionais transformou inteiramente o campo do cuidado *psi*. Graças a um tipo muito restrito de empirismo e um pretenso ateorismo, o DSM terminou, na prática, por excluir do debate cientificamente autorizado todas as disciplinas cuja abordagem do sofrimento psíquico não repousasse sobre definições explícitas e convencionais de fatos clínicos imediatamente constatáveis. A psicopatologia propriamente dita foi posta de lado e perdeu progressivamente seu papel de fundamento das práticas psiquiátricas e psicoterápicas, cedendo lugar a um convencionalismo nosográfico que busca responder aos ideais de uniformização de linguagem nesse campo (Pereira, 2000). Pode-se dizer que houve uma exclusão sem critérios de todos os humanismos. Daí vem uma questão que não pode ser evitada ou contornada: é possível a clínica ampliada sem os humanismos?

Referências

Bauman, Z. (1998). *O mal-estar da pós-modernidade*. Rio de Janeiro: Jorge Zahar.

Bauman, Z (2005). *Identidade*. Rio de Janeiro: Jorge Zahar.

Bauman, Z. (2007). *Tempos líquidos*. Rio de Janeiro: Jorge Zahar.

Baremblitt, G. (1982). *Grupos: teoria e técnica*. Rio de Janeiro: Graal.

Birman, J. (2000). Subjetividade, tempo e psicanálise. *Revista Latinoamericana de Psicopatologia Fundamental, III*(4), 11-30.

Bueno, D. S. & Pereira, M. E. C. (2002). Sobre a situação analítica: a experiência de psicoterapia psicanalítica no hospital universitário da Unicamp. *Pulsional Revista de Psicanálise, 157*, 15-24.

Campos, D. T. F. (2004). Fetichismo e subjetividade feminina. *Revista Latinoamericana de Psicopatologia Fundamental, 7*(3), 12-25.

Campos, D. T. F., Rosa, C. M. & Campos, P. H. F. (2010). A confusão de línguas e os desafios da psicanálise de grupo em instituição. *Psicologia: Ciência e Profissão, 30*(3), 504-523.

Del Volgo, M. (1998). *O instante de dizer*. São Paulo: Escuta.

Enriquez, E. (1991). *Da horda ao estado: psicanálise do vínculo social*. Rio de Janeiro: Jorge Zahar.

Foucault, M. (1998). *O nascimento da clínica*. São Paulo: EPU.

Freud, S. (1930/1996). O mal-estar na civilização. *Obras completas, ESB*, v. 21. Rio de Janeiro: Imago.

Freud, S. A negativa (1925/1996). *Obras completas, ESB*, v. 19. Rio de Janeiro: Imago.

Freud, S. (1919/1996). Linhas de progresso na terapia psicanalítica. *Obras completas, ESB*, v. XVII. Rio de Janeiro: Imago.

Giddens, A. (1991). *As consequências da modernidade*. São Paulo: Editora UNESP.

Giddens, A. (1993). *A transformação da intimidade*. São Paulo: Editora UNESP.

Gori, R. (1998). *A prova pela fala: sobre a causalidade em psicanálise*. São Paulo: Escuta.

Gori, R. & Del Volgo, M.-J. (1998/2004). *La santé totalitaire*. Denoel: Paris.

Guyommard, P. (1996). *O gozo do trágico*. Rio de Janeiro: Jorge Zahar.

Lacan, J. (1966/1988). Propos sur la causalité psychique. *Écrits*. Paris: Seuil.

Major, R. (2002). *Lacan com Derrida*. Rio de Janeiro: Civilização Brasileira.

Martins, F. (2005). *Psicopathologia II: semiologia clínica*. Brasília: UnB/ABRAFIPP.

Mezan, R. (2006). *Freud, pensador da cultura*. São Paulo: Companhia das Letras.

Morin, M. (2004). *Parcours de santé*. Paris: Armand Colin.

Pereira, M. E. C. A. (2000). Paixão nos tempos do DSM: sobre o recorte operacional do campo da psicopatologia. In: R. A. P. Filho, N. Coelho Jr. & M. D. Rosa (orgs.). *Ciência, pesquisa, representação e realidade em psicanálise* (pp. 119-152). São Paulo: Casa do Psicólogo.

Queiroz, E. F. (2004). *A clínica da perversão*. São Paulo: Escuta.

Rinaldi, D. (2000). O desejo do psicanalista no campo da saúde mental: problemas e impasses da inserção da psicanálise em um hospital universitário. Disponível em <www.interseccaopsicanalitica.com.br>. Recuperado em 12 de março 2008.

Roudinesco, E. (2003). *A família em desordem*. Rio de Janeiro: Jorge Zahar.

Bruxa, sofrimento e singularidade: algumas cenas

Mériti de Souza*

> *O rio que fazia uma volta atrás de nossa casa era a imagem de um vidro mole que fazia uma volta atrás de casa. Passou um homem depois e disse: essa volta que o rio faz por trás de sua casa se chama enseada. Não era mais a imagem de uma cobra de vidro que fazia uma volta atrás de casa. Era uma enseada. Acho que o nome empobreceu a imagem.*
>
> Manoel de Barros

Na cena contemporânea é possível localizar o (res)surgimento de pessoas que se definem como bruxas concomitante à expansão da literatura e ao incremento da atenção midiática que dissemina e sustenta as narrativas sobre essas figuras. As atuais sociedades ocidentais não promovem tribunais inquisitoriais e as atuais bruxas podem se organizar em grupos que se reúnem em convenções, organizam sites na internet, escrevem livros. Não obstante o abandono das práticas inquisitoriais que as perseguiam causando-lhes inúmeros padecimentos, as bruxas contemporâneas continuam a padecer de sofrimentos físicos e psíquicos. Esse contexto leva Antônia a procurar atendimento terapêutico com o intuito de, segundo suas palavras, lidar com seu sofrimento.

Antônia é uma bruxa. Pelo menos é assim que ela se apresenta em nossos encontros. Ela ouve vozes, vê anjos e conversa com eles organizando seu quarto seguindo regras e normas que os agradam. Ela e uma amiga realizam rituais nos quais acendem velas e preparam chás que após

* Professora na Graduação e no Programa de Pós Graduação em Psicologia da UFSC – Universidade Federal de Santa Catarina. Psicóloga.

a imposição de suas mãos se transformam e adquirem poderes mágicos. Entretanto, em contraponto às bruxas tradicionais que realizavam sabás e calundus, copulavam com demônios e desvirtuavam os homens, A. se considera uma bruxa boa. É dessa forma que ela relata a forma como a mãe a representa e cobra-lhe o exercício da bondade desde a infância. Ela se desfaz de dinheiro e de objetos pessoais em prol de pessoas que necessitam, bem como costuma se preocupar muito quando vê alguma pessoa sozinha ou isolada em reuniões sociais ou mesmo no seu local de trabalho.

A bruxa Antônia prossegue seu relato e narra sua saga. Desde a infância sente-se muito aflita e não está feliz em nenhuma situação ou lugar. Há alguns anos se afastou dos pais, mudou de cidade e de estado, indo morar com um irmão mais velho casado que a protege desde criança. Na casa do irmão ela pode praticar seus rituais e decorar seu quarto como deseja sem maiores interferências. Entretanto, o irmão sugere-lhe que procure um padre ou um parapsicólogo para curar sua condição de bruxa. Ela vai falar com um padre que diz não saber se seu caso é de exorcismo. Nesse ínterim, ela começa a namorar um professor que a aconselha procurar um psicólogo para lidar com seu problema.

Assim, ela me procura dizendo ser uma bruxa, que conversa com anjos e tem poderes mágicos. Antônia afirma não se incomodar com essa condição sobrenatural e que seu sofrimento advém de questões que ela não sabe localizar. Entretanto, ela relembra que todos seus familiares, amigos e mesmo o namorado se incomodam com sua condição, com uma única exceção: a sua melhor amiga, que também é uma bruxa.

Procurando situar-me face ao sofrimento relatado por A., busco escutá-la sem a preocupação em estabelecer possíveis diagnósticos, quadros clínicos ou definir nomenclaturas.

Para Fédida (1988, 1991, 1996) o trabalho clínico pressupõe a experiência terapêutica, sendo que o conhecimento sobre o sofrimento se produz com e a partir dessa experiência. Essas afirmações pressupõem uma específica concepção acerca da relação teoria e prática na assunção do terapêutico que envolve necessariamente o conhecimento e o vivido. Em outras palavras, para o autor o trabalho clínico pode se constituir como experiência quando o vivido e o sofrimento podem se tornar conhecimento a partir da escuta efetivada pelo terapeuta. Nessa perspectiva escuto Antônia, procurando estratégias para lidar com o sofrimento por ela relatado, bem como considerando a condição do *pathos* presente em nossa relação.

O trabalho clínico envolve a escuta de discursos marcados pela multiplicidade de sentidos e de vozes que expõe a diferença em contraponto à pretensa *mesmidade* da narrativa elaborada pelo sujeito epistêmico e egoico. Essa perspectiva demanda reconhecer o trabalho terapêutico apoiado na produção conjunta do conhecimento e relevar o fato de que o discurso é constituído pela alteridade e pela presença, o que pressupõe escutá-lo a partir da dimensão do outro e do mesmo. Assim, escutar Antônia definir-se como bruxa e queixar-se de um sentimento de vazio, de tristeza e de angústia não demanda localizar nos manuais nosológicos e nosográficos descrições que possam enquadrá-la em classificações e atribuir-lhe nomenclaturas, bem como não implica buscar fundamentos hermenêuticos ou estruturais para a origem que possam delimitar sua organização subjetiva e ordenar o trabalho terapêutico. A busca pela origem, pelos contornos e pelas classificações remonta a leituras que adotam a substância e a presença como fundamentos para o conhecimento e a constituição subjetiva centradas na metafísica da presença (Derrida, 1971, 1975, 2006).

O trabalho de escuta demanda desarticular as linhas de força que sustentam a subjetividade subsumida a referenciais identitários rígidos ancorados por uma tradição cultural centrada na metafísica da presença e nos pressupostos da lógica formal linear e causal. Essa demanda implica, dentre outros aspectos, problematizar a predominância na rede simbólica dos pressupostos da substância, disjunção, *mesmidade*, causalidade, linearidade, que operam como referências às matrizes identitárias, ao sistema sexo e gênero e às configurações subjetivas. Problematizar a lógica identitária linear, causal e substantivada demanda, dentre outras questões, trabalhar com a diferença e a alteridade como recalcados no conhecimento e na constituição subjetiva, bem como questionar a *mesmidade* e a repetição conforme expressas na designação de atributos específicos do denominado feminino e do denominado masculino.

No entrelace com as questões acima desperta atenção a narrativa que Antônia elabora sobre si ao assumir a condição de bruxa. Os sentidos por ela singularizados a partir dessa figura podem nos dizer sobre os caminhos construídos para lidar com seu sofrimento. Assim, interessa compreender a singularidade da narrativa que Antônia constrói sobre si e o universal das narrativas construídas sobre o mito das bruxas. Esse percurso demanda o trabalho com o contexto histórico que marca a predominância de constantes que perduram por gerações e com o contexto psíquico que organiza a realidade do eu. Em outras palavras, os modelos identificatórios acerca da bruxa que oferecem sentidos a determinadas configurações subjetivas e oferecem lastro a essa identificação podem auxiliar no trabalho com o sofrimento relatado por Antônia como sentimentos de vazio, angústia e tristeza.

Sobre singular, universal e bruxas

Segundo Ginzburg (1991), práticas e crenças folclóricas permaneceram encobertas através dos séculos por um complexo cultural. Para o autor os cultos de fertilidade, os eventos folclóricos e rituais que buscavam o controle da natureza e a fartura nas colheitas, ou seja, que buscavam a sobrevivência no campo, permaneceram atuantes durante séculos. A tradição erudita (juízes, demonólogos, padres) interpreta as práticas folclóricas e de fertilidade nivelando-as e transformando-as em práticas de sabá. Produz-se assim a ideia de que todos os cultos eram demoníacos e que seus praticantes eram adoradores do demônio. Dessa forma, a concretude de práticas folclóricas seculares se associa a representações sobre demônios e feiticeiras, produzindo um complexo mítico e narrativo sustentando uma tradição histórica contínua que mantém vivo o fenômeno da bruxaria através dos séculos.

O aparecimento de teorias que assemelham a doença mental ao universo mágico data do final do século XVIII, quando a nascente psiquiatria demonstrou uma tendência indiscutível para interpretar como doença mental todos os tipos de comportamento divergentes e extraordinários. Conforme Nogueira (2004), a partir do século XIX os psiquiatras passam a considerar a feitiçaria como uma forma de loucura contagiosa e coletiva. Os principais responsáveis pela classificação de bruxas e feiticeiras como doentes mentais e pela sedimentação dessa ideia foram os franceses Pinel, Esquirol e Charcot, fundadores da escola francesa de psiquiatria que, com suas opiniões e teorias, dominaram o panorama nosológico do século passado. O autor também refuta as afirmações dos psicopatologistas dos séculos XVII e XIX, que associavam o universo das bruxas e suas práticas à doença mental e ao contágio patológico.

No livro *Inferno atlântico* (1993), Laura de Mello e Souza discute o tema da bruxaria na tradição cultural brasileira analisando as relações entre a demonologia europeia e a prática da bruxaria. Ela avalia que, se, por um lado, os europeus projetaram sobre o novo continente referências próprias à sua cultura, por outro lado assimilaram referências da cultura brasileira. As noções de bem e de mal também são problematizadas, pois circulam em relação a um mesmo personagem representações que definem seus atos como bons e ruins de forma concomitante.

Para a autora a demonologia pode ser vista como inter-relacionada com a ciência moderna, com a construção do pensamento racional que busca conhecer as causas expulsando os demônios dos fatos e da natureza. Nessa perspectiva, a demonologia compreende o que Michel Certeau denominou de heterologia – a ciência do outro. A construção da identidade da ciência e do europeu se remete à negação e à expulsão do negativo neles presente, ou seja, a demonologia e o americano comportam o excluído, o negado, o detratado.

Assim, o europeu realizou uma leitura sobredeterminada do Brasil e essa tradição consolidou-se na compreensão segundo a qual o país se construiu sob a égide do bem e do mal, com este último ganhando o combate. A tarefa de expurgar o indesejado e o indesejável da metrópole é realizada pelo Santo Ofício Português e também pelo Estado Absolutista. Ao primeiro cabe a tarefa de expurgar demônios e condenar feiticeiras; o segundo deveria expulsar aqueles que discordavam das normas do Estado, que eram degredados para a Colônia. Assim, os degredados não eram apenas ladrões e assassinos, mas também aqueles acusados de judaísmo, de bigamia, de feitiçaria e de blasfêmia.

O aspecto que nos interessa ressaltar no trabalho de Mello e Souza diz respeito a dois casos de possessão e de exorcismo: um em Lisboa no final do século XVII e outro em Salvador, nas primeiras décadas do século XVIII. Frei Luís de Nazaré, carmelita calçado que beirava os sessenta anos, vivia em Salvador no início do século XVIII. O frei era respeitado em diferentes camadas sociais e dispunha, inclusive, de autorização para exorcizar. Em visitas a doentes do sexo feminino, mantinha cópulas com as enfermas. Em 1740 foi processado e afirmou que fazia uso da sua posição religiosa para manter os contatos sexuais com as mulheres.

No outro lado do oceano encontramos Mariana, jovem lisboeta possessa do final do século XVII. Mariana desde menina tivera visões obscenas, sendo possuída pelo diabo, além de desancar os exorcistas. "A certa altura, recebeu um dote para ser religiosa, mas não a suportaram no convento. Foi parar na Santa Inquisição, onde os exorcismos dos padres a fizeram ficar livre do demo por um mês" (Mello e Souza, 1993, p. 152).

Para Mello e Souza a análise desses dois casos possibilita compreendermos a representação tecida sobre o diabo no cotidiano luso-brasileiro. No registro dos exorcismos de Mariana está presente o

> problema do pacto da violência do desejo, da inserção cotidiana do demônio [...] a dimensão psicológica do fenômeno: a possuída não tem vontade própria, manifestando nos ataques um outro eu no qual se desconhece. Lá está o caráter pedagógico e exemplar da possessão [...] bem como uma curiosa reflexão metafísica sobre as atribuições reflexivas de Deus e do diabo. Lá estão, por fim, as linhas mestras da sociedade europeia do antigo regime: a hierarquia social, a delimitação mais nítida de campos cognitivos, os indícios de uma sensibilidade barroca, a força da microfísica do poder atuando por meio da pedagogia do medo. A possessão de Mariana é compreensível e quase natural num mundo em que a alteridade é rejeitada (Mello e Souza, 1986, p. 157).

Nos exorcismos de Frei Luís aparecem as linhas mestras da sociedade colonial brasileira – o espaço do mal é fluído e mutável. Do que padecem os possuídos ou exorcizados?

> Nada que afete a alma, que mude o curso do pensamento, que interferia na personalidade [...] Se o mal existe, ele é difuso e indefinida a ação dos representantes do campo mágico-religioso [...] No mundo da colônia (pode-se dizer recorrendo mais uma vez a Lévi-Strauss), os diferentes se entredevoram, o outro é neutralizado pela incorporação: uma sociedade antropofágica em que, europeu de origem, o frade

> carmelita, impotente ante o malefício, recomenda recurso aos negros calundeiros que trouxeram da África suas práticas curativas (Mello e Souza, 1986, p. 158).

Os exorcismos de Frei Luís revelam uma sociedade em que o campo médico não está sujeito à evolução linear, mas, sim, a uma forma pluricausal de entender a etiologia das doenças, em que as causas sobrenaturais são reconhecidas. Neste contexto, "a ambiguidade – elemento constitutivo do universo de crenças em que surgem os Sacis, os Zé Pelintras, as Maria Padilhas, os Pedro Malasartes – é vivida de forma mais natural e serena. O demônio metafísico de Mariana, por outro lado, pressupõe um mundo em que o Bem e o Mal são irredutíveis e antagônicos" (Mello e Souza, 1986, p. 159). A autora insiste na longa duração das crenças míticas e na sua capacidade de transformação, o que faz com que os mitos se perpetuem e se transformem, adquirindo novos sentidos. Tendemos a concordar com a autora por considerar no cenário contemporâneo a apresentação de Antônia, que nos procura para ser atendida e se anuncia como bruxa.

Na cena da Inquisição no Brasil colonial o discurso religioso conjura a expulsão do diabo do corpo de bruxas e na cena do Brasil contemporâneo temos a jovem Antônia que se reconhece como bruxa e que se queixa do sofrimento em decorrência do sentimento de vazio, angústia e tristeza. Perguntamos o que se movimenta e se entrelaça nessas cenas. Entendemos que conhecer as narrativas elaboradas sobre as bruxas e sobre o vazio que povoam a rede simbólica no ocidente e na sociedade brasileira possibilita o acesso à rede conceitual, aos sentidos e às práticas disponibilizadas a Antônia e por ela utilizadas no seu trabalho de apropriação e de singularização que se explicita na construção da ficção identitária quando ela enuncia: sou uma bruxa!

Como deve ter-se explicitado, o pressuposto caminha na senda da associação que Antônia realiza entre o seu sofrimento e o sentimento de vazio, de angústia e de tristeza, concomitante à elaboração da sua ficção identitária. Na trama discursiva moderna apoiada nos pressupostos da metafísica da presença, quais os sentidos encarnados nas e pelas bruxas que levam A. a identificar-se e a construir fantasia no entrelace com essa figura?

Dentre outros aspectos salienta-se a rede discursiva contemporânea que encarna modelos identificatórios acerca do masculino e do feminino que valorizam o primeiro e desvalorizam o segundo na medida em que conformam o *falologocentrismo* e a *heteronormatividade* (Butler, 2003; Derrida, 1971, 2006)[1]. Salienta-se, ainda, que essa rede discursiva encontra-se disponibilizada ao trabalho de elaboração psíquica efetivado por homens e mulheres. Ao considerar essa cena perguntamos sobre o processo de subjetivação elaborado por A. e suas relações com a rede simbólica que sustenta o binarismo disjuntivo do masculino e feminino e designa às figuras identitárias específicos atributos como vazio e substância.

Ativo, passivo e vazio: incidências no conhecimento e na subjetividade

Ao acompanhar o trajeto histórico do processo que deságua em modos de subjetivar e de conhecer que predominam no cenário contemporâneo, observamos a produção da subjetividade como sobreposta ao sujeito da razão, à consciência e à lógica identitária. De forma correlata podemos localizar a predominância da representação e da causalidade como parâmetros adotados para o conhecimento que delimita a dissociação entre objetivo e subjetivo, corpo e mente, ativo e passivo, natureza e cultura. Esses movimentos caminham lado a lado e definem uma leitura acerca da ação sobre a realidade que pressupõe a causa e o efeito como separados entre sujeito e objeto e associa a ação à atividade exercida pelo primeiro.

Subjaz a essa concepção de ação a adoção do positivo, do tempo linear, da causalidade, da *mesmidade*, concomitante à desqualificação do vazio, do diferente, do acontecimento, do descontínuo como possibilidades para a leitura do real e de intervenção sobre ele. O aparelho psíquico se organiza no entrelace da singularidade produzida pelas pessoas com o material que a rede coletiva e simbólica lhes disponibiliza. Nessa perspectiva, dentre outros aspectos, a singularização de Antonia se ateve aos caminhos associados ao simbólico que lhe foi disponibilizado, bem como o trabalho com essa

[1] Derrida (1971, 2006) recorre ao termo *falologocentrismo* para questionar o *falocentrismo* e o *logocentrismo,* entendidos como modalidades de conhecer e de subjetivar calcadas no *falo* e no *logos* que predominam no ocidente. Butler (2003) refere-se à *heteronormatividade* como a norma que instaura e sustenta o sistema binário masculino e feminino entendido universal e restrito ao par disjuntivo sexo/gênero.

questão demanda problematizar concepções acerca do sofrimento e das suas relações com o subjetivo.

Nos dicionários a palavra sofrimento abarca vários sentidos, que envolvem desde a dor física até a emocional, bem como a angústia e a passividade. Também se encontram para sofrimento as acepções de resignação e de paciência, indicando que aquele que sofre experimenta com paciência essa condição. Para Barus-Michel (2003) o sofrimento configura uma experiência prolongada e contínua com a dor, a qual inibe as disposições emocionais e cognitivas daquele que o vivencia. Para Fédida (1988, 1996) o discurso (*logos*) a respeito das paixões (*pathos*) envolve uma leitura acerca da produção do sofrimento que evidencie a atenção direcionada àquele que porta sofrimento, bem como envolve uma leitura sobre o efeito terapêutico que relacione a produção da experiência a partir da vivência estabelecida pelos participantes do processo clínico. Trabalhar com a concepção de sofrimento como experiência demanda compreender que o sofrimento pode sustentar um ensinamento, quando o terapeuta escuta a paixão daquele que sofre a partir do lugar do estrangeiro, pois a "paixão não pode ensinar nada, pelo contrário, conduz à morte se não for ouvida por aquele que está fora, por aquele que é estrangeiro, por aquele que pode cuidar dela" (Fédida, 1988, p. 29).

De modo geral, é possível localizar na tradição ocidental a associação entre o sofrer como experimentar a ação na condição de passivo e de objeto e o sofrer como vivenciar uma angústia, aflição ou dor física. O lugar de passivo e de objeto ocupado por aquele que sofre os efeitos de uma ação e o lugar de desamparo e de vítima ocupado por aquele que sofre com angústia, aflição e dor física explicitam a hegemonia da lógica causal linear no conhecimento moderno e suas relações com a constituição subjetiva. Assim, a lógica causal explica o movimento a partir da ação de um elemento que imprime força sobre outro, sendo o primeiro considerado o ativo nessa cadeia e o último considerado passivo. O pressuposto que dissocia a ação entre aquele que exerce e aquele que sofre os seus efeitos, bem como o pressuposto sobre o tempo e o espaço como estabilizados e lineares no decorrer dessa ação sustentam a lógica formal que separa sujeito e objeto, ativo e passivo, e concebe a realidade e a subjetividade como contínuas, lineares, substantivadas e presentificadas (Blanché & Dubucs, 2001; Krause, 2002;

Chauí, 1996, 2000). Nessa perspectiva, temos a realidade inundada pela presença e pelo presente e a subjetividade subsumida à consciência configurada por matrizes identitárias binárias e hierarquizadas.

No cenário contemporâneo predomina uma intricada rede de poderes e de saberes que recobre a maioria das práticas terapêuticas e de conhecimento produzidas no ocidente (Foucault, 1977, 1979, 1990). No terreno da rede simbólica hegemônica no ocidente moderno, a diferença sexual anatômica e a prática sexual representam a ação de penetrar como ativa e executada pelo masculino em contrapartida à prática de ser penetrada como ação passiva, executada pelo feminino. Essas representações sustentam concepções que idealizam esses atributos e configurações identitárias e garantem o poder aos primeiros e desqualificam e estabelecem a submissão para os segundos. O trabalho de problematizar esses aspectos pode se revelar importante na medida em que na rede simbólica contemporânea acontece a associação entre feminino, passividade, angústia e tristeza. Assim, é possível supor que Antônia busca elaborar seu sofrimento ao identificar-se como bruxa, bem como essa identificação reverbera na sua constituição subjetiva no engate com os atributos designados a essa figura.

Ressaltando a afecção, Derrida aponta que no terreno do aparelho psíquico a experiência possibilita a atualização do devir, pois o aparelho psíquico é viabilizado na sua capacidade de autoafecção.

> Ora, a autoafeção é uma estrutura universal da experiência. Todo vivente está em potência da autoafeção. E só um ser capaz de simbolizar, isto é, de autoafetar-se, pode-se deixar afetar pelo outro em geral. A autoafeção é a condição de uma experiência geral. Esta possibilidade – outro nome para "vida" – é uma estrutura geral articulada pela história da vida e ocasionando operações complexas e hierarquizadas. A autoafeção, o quanto-a-si ou o para-si, a subjetividade ganha em potência e em domínio sobre o outro à medida que seu poder de repetição se idealiza. A idealização é aqui o movimento pelo qual a exterioridade sensível, que me afeta ou me serve de significante, submete-se a meu poder de repetição, ao que me aparece desde então como minha espontaneidade e escapa-me cada vez menos (Derrida, 2006, p. 202).

A questão que emerge diz respeito ao entrelace entre a afecção que reverbera em Antônia consoante ao sofrimento instalado em decorrência do simbólico construído em torno da figura da bruxa, que remete a específicos atributos. Por um lado temos a associação entre bruxa, malignidade, passividade, vazio, desqualificando o feminino e aqueles que se identificam com essa matriz identitária. Por outro lado, temos a bruxa associada aos atributos de atividade, poder, substância, o que engendra a qualificação dessa figura e daqueles que com ela se identificam. Os sentidos sobre a bruxa presentes na rede social e incrustados no simbólico hegemônico remetem ao ambíguo no que toca ao ativo e ao passivo, ao masculino e ao feminino. Assim, uma possível trilha seguida por A. diz respeito ao paradoxo presente nessa diversidade de sentidos agregados à figura da bruxa, na medida em que ela opera como modalidade identificatória que pode propiciar sofrimento àqueles que com ela se identificam.

As teorias sobre a representação e sobre o simbólico encarnam tanto uma leitura epistêmica sobre a realidade quanto uma leitura ontológica sobre aquele que conhece. Subjaz a essas teorias a possibilidade de acesso à realidade via (re)apresentação de algum aspecto do real que se estabiliza no tempo e no espaço e se oferece aos sentidos, à razão e ao conhecimento. A representação envolve necessariamente uma concepção de tempo e de espaço, já que, segundo essa perspectiva, para ser conhecido, um determinado aspecto da realidade necessita de ser estabilizado para manter a sua identidade. Ainda, a teoria da representação envolve o pressuposto de que o ato de nomear implica em descrever a realidade e a natureza de seus objetos, já que a identidade do objeto e sua relação com o diferente são pressupostos dessa teoria (Prigogine, 1996; Chauí, 1996, 2000; Maturana & Varela, 2001).

O trabalho de problematizar o conhecimento hegemônico moderno demanda lidar com a concepção de representação como a operação de recobrimento da realidade e do psíquico que oferece sentidos às experiências. Essa concepção também postula que o vazio como componente do humano será preenchido com sons, figuras, signos, imagens que, ao oferecerem sentido ao psiquismo e ao corpo, possibilitam ao humano modular suas demandas somáticas e sociais e controlarem sua condição de angústia. Entretanto, a atribuição do sentido de tristeza, angústia, vazio às demandas do aparelho psíquico envolve a inscrição do humano na tradição coletiva cultural e a apropriação singular dessa tradição.

Temos aqui inúmeras questões em jogo, tais como: a arbitrariedade dos sentidos agregados às representações disponibilizadas às pessoas; a constituição de um tempo linear e desenvolvimentista que impregna a linguagem e as práticas sociais; a hegemonia do representar como processo que envolve a metafísica da presença e instaura o vazio como oposto a substância. A sobreposição do vazio ao destituído de potência, de substância e de movimento acompanha a tradição ocidental moderna, que opera com oposições hierárquicas que tendem a valorizar um elo da oposição em detrimento do outro.

Essa configuração designa atributos a determinadas pessoas, o que redunda em contextos de poder nos quais aqueles associados a elementos valorizados são guindados a posições de poder em relação àqueles associados a elementos desqualificados. A título de exemplo, a substância é valorizada e associada ao masculino em contraposição ao vazio, que é desqualificado e associado ao feminino. Assim, é viável trabalhar com a identificação de A. com a bruxa supondo os possíveis caminhos que ela constrói para elaborar seu sofrimento a partir do simbólico ancorado em sentidos hegemônicos e universais estabilizados nos conceitos e na tradição histórica. Vamos trabalhar essas questões a partir de algumas das facetas dos sentidos agregados ao vazio em oposição a substância.

Ao acompanharmos a história do pensamento ocidental é possível verificar o medo que o vazio gera nas pessoas, sendo que na Idade Média predominava a teoria do temor ao vazio (*horror vacui*), segundo a qual a própria natureza não suportaria esse estado já que existiria o movimento natural de preenchimento do espaço. Durante séculos domina a concepção de que a substância se oporia ao vazio, sendo este concebido como uma delimitação do espaço que não possui nenhuma matéria configurando o nada (Ribas, 1997). Segundo as concepções da física e da filosofia clássica o vazio paralisa, oblitera o movimento e necessita ser preenchido. Nessa perspectiva o vazio encontra-se associado ao nada e avesso à possibilidade de ser conhecido, já que o conhecimento hegemônico centrado na representação e na identidade não oferece instrumentos epistêmicos em condições de elaborar esse aspecto da realidade.

A leitura sobre o vazio incide de forma direta na concepção sobre a constituição subjetiva e sobre a realidade, bem como na construção de teorias e instrumentos para o trabalho nas mais diversas áreas profissionais. No caso específico do trabalho terapêutico, a concepção de Fédida (1988, 1991) acerca do subjetivo como organização narcísica do vazio possibilita pensá-lo como constitutivo do psiquismo, bem como questionar sua representação como ausência e sua injunção no trabalho de elaboração psíquica. A escuta opera como instrumento que abre possibilidades à potencialização do vazio em contraponto a leituras que buscam preenchê-lo restaurando uma suposta presença no subjetivo.

A instauração do vazio como espaço potencial que possibilita a troca pode ser uma possibilidade que se abre para os participantes do trabalho terapêutico através da experiência construída com o outro. O vazio como potência, ou seja, não reduzido à disjunção que idealiza e hierarquiza a substância e a presença, pode evidenciar a relação com o outro criando o novo na "inquietante estranheza da transferência" e no "sítio do estrangeiro". Nessa perspectiva, o vazio funciona como criador de metáforas e como espaço potencial que opera na vacuidade do espaço, pois atua na contramão da substantivação e da presentificação do psiquismo ontologizado na figura do sujeito. Essa operação pode tensionar os conceitos e expor o devir da palavra e dos sentidos no contraponto ao silêncio e à "presença ausente".

Fédida pontua que a busca pelo sentido pode configurar uma forte demanda e levar as pessoas a vivenciar o sofrimento associado à "experiência de não existência", buscando preencher o vazio com a atribuição de sentidos para representá-lo e recobri-lo. Para o autor o trabalho analítico implica não responder a essa demanda, a qual pode levar o analista a um excesso interpretativo, e sugere o trabalho com o paradoxo da "presença na ausência". Para o trabalho analítico importa sustentar o intervalo entre nada e ser recorrendo a uma metapsicologia que sustente o representado e o não representado caminhando em direção ao vazio da metáfora (Fédida, 1988, 1991, 1996). Em outras palavras, a escuta não se direciona a preencher o silêncio e o vazio com representações e sentidos, mas antes se volta a fundar a relação de ausência. Nessa perspectiva, Fédida utiliza a pintura para falar sobre a potência do vazio.

> É notável que as aquarelas sobre papel, de Cézanne, tenham um poder de irradiação da luz a partir do vazio. O branco do papel é a matéria das vibrações. Com efeito,

> pensamos em Cézanne – e também em Paul Klee – para evocar a potência radiante do vazio – como cheio de luz – sempre relacionado ao fundo da tela de onde emergem as tensões da cor até a ruína da forma desenhada do motivo. Ora, para Cézanne, o branco é a capacidade luminosa de toda cor: o branco não como cor, mas como vazio. Esse vazio energiza as tensões até seu limite tectônico, que é o momento de decisão da obra, seu acontecimento. Simultaneamente, ele cria a luz como o tempo de germinação da obra, o espaço interno de seu recolhimento e repouso. O cheio de luz é o silêncio do vazio, e é o vazio que age e articula a tectônica dos movimentos (Fédida, 1999, p. 111).

O trabalho de sustentar essas concepções demanda um giro em relação aos pressupostos predominantes no conhecimento moderno calcado na metafísica da presença e na lógica causal que elaboram teorias e estratégias de intervenção que inviabilizam a potência do vazio. Para esse trabalho contribui a leitura derridiana ao problematizar o estabelecimento da disjunção que entroniza como pares de opostos hierarquizados a substância e o vazio, o significante e o significado, o sexo e o gênero, o espaço e o tempo, o masculino e o feminino, o *logos* e o *pathos*, o sujeito e o objeto.

Derrida (1971, 1975, 2006) questiona a representação entendida como o processo que recobre a realidade descrevendo-a, explicando-a e oferecendo a visão de um mundo completo e pleno de sentidos. Na tradição moderna o vazio e o incognoscível são banidos e desqualificados na operação da representação que oferece a ilusão de que a capacidade cognoscente humana a tudo pode compreender, descrever, nomear, simbolizar. O que escapa à possibilidade de ser representado é desqualificado já que qualquer objeto ou situação que não seja passível de se submeter a esse processo denuncia a incompletude e o limite da própria teoria que o desqualifica.

Outro conceito problematizado pelo autor que pode auxiliar em nosso trabalho sobre o vazio, o sofrimento e suas articulações com o feminino é a concepção de khôra conforme ela aparece no texto *Timeu* de Platão. Derrida sugere a khôra como o não-lugar da linguagem, bem como afirma a dificuldade de traduzir esse conceito, pois ele abarca e sustenta uma amplitude de sentidos que não se excluem, mas coexistem na diferença. A khôra possibilita extrapolar leituras sobre a linguagem que associam o conceito ao sentido a partir da universalização, da homogeneização e da estabilização. Essa condição problematiza a disjunção dentro e fora, pois a desestabilização da khôra na linguagem implica que não ocorre a delimitação do *continuum* espaço-tempo necessária à estabilização do sentido no conceito e da oposição entre simbólico e referente.

O autor aponta que no *Timeu* a khôra não designa ou se reporta de forma imediata a um referente, o que abre possibilidades de problematizar a relação entendida como imediata e necessária entre conceito e referente. Para Derrida a khôra

> seria uma região, um receptáculo, que passaria a ter uma forma a partir de interpretações externas que deixariam nela a marca esquemática de sua impressão e de sua contribuição. Apesar disso, khôra jamais se deixaria sequer atingir ou tocar e, sobretudo, não se deixaria esgotar por esses tipos de tradução trópica ou interpretativa; khôra seria capaz de adquirir as mais diversas formas, mas ao mesmo tempo capaz de permanecer em sua condição original (Derrida, 1995, p. 19).

Ao relevarmos as afirmações de Derrida sobre a escritura é possível entender que os instrumentos, estratégias e teorias disponibilizados para o conhecimento encontram-se eivados por sobredeterminações, ou seja, por referências culturais, econômicas, históricas que delimitam o acesso à realidade. O autor nos possibilita entender que "não há signo linguístico antes da escritura", ou seja, a realidade se configura como um texto sobredeterminado permeado por signos que orientam leituras sobre ela. Nessa perspectiva a questão é lidar com a concepção de que os signos disseminam sentidos, porém esses sentidos não impõem de forma linear, presentificada, substantivada, única e verdadeira o texto, já que o sentido opera na diferença do devir e desestabiliza a suposta sobreposição linear e direta entre sentido e realidade, conceito e referente.

Assim, a khôra, como elaboração conceitual que escapa ao sistema binário, presentificado, generificado e substantivado, problematiza a constituição subjetiva e a escuta do sofrimento psíquico que se configuram para além da tradição ocidental de conhecimento. A noção de khôra questiona tanto o inefável dos atributos designados ao masculino e ao feminino quanto a necessidade de o conceito se reportar de forma linear, direta e causal ao espaço, ao tempo e ao referente.

As leituras de Derrida e de Fédida possibilitam questionar a presença como modalidade *a priori* necessária ao discurso e ao sujeito, bem como problematizar a oposição entre substância e vazio, ausência e presença. As concepções apresentadas acima sobre o vazio como espaço potencial que abre passagem ao outro, a novos sentidos e experiências, questionam a sua associação com o nada destituído de potência, de ação e de criação. Também questionam a associação entre o vazio, o feminino e o passivo decorrente da ontologia e da epistemologia moderna.

De forma específica, as leituras desses autores estimulam problematizar a configuração subjetiva de Antônia na senda dos sentidos atribuídos à bruxa na tradição coletiva e na apropriação singular. Nessa senda o sofrimento de A. se relaciona com os sentidos hegemônicos designados à bruxa, ao feminino, ao vazio, bem como se relaciona com o singular posto nas suas experiências e no devir do deslizamento dos sentidos nos conceitos. Podemos pensar no indecidível da khôra como lugar habitado por A. que lhe possibilita reverberar a experiência do seu sofrimento tanto no universal quanto no singular do simbólico e do devir. As figuras da bruxa, do feminino e do vazio operam ao agregarem sentidos ao sofrimento vivenciado por A., porém não traduzem e não recobrem essa experiência de forma plena, deixando a descoberto paisagens, tempos e lugares inacessíveis ao outro.

A considerar a leitura utilizada neste trabalho é importante apontar a constituição subjetiva para além do devir e do espaço-tempo que escapa à metafísica da presença bem como, para além da substância, da representação e dos pressupostos dessa metafísica. Para lidar com essa questão é necessário problematizar o pressuposto do nem/nem conforme pontuado por Derrida, ou seja, é importante reportar a tradição hegemônica da lógica formal, causal e linear que opera a partir da e/ou em contraponto à lógica não formal que opera a partir do nem/nem. É importante relevar que na constituição subjetiva de A. e na produção do seu sofrimento a bruxa pode operar como referência aos sentidos presentes na rede simbólica, bem como ela pode escapar a essa referência. Assim, o trabalho de elaborar seu sofrimento pode ter demandado de A. a elaboração da aporia que estabelece a bruxa como associada tanto ao ativo quanto ao passivo, designando-lhe atributos definidos como masculino e feminino.

Assim, o binarismo e a referência identitária ancorados na lógica formal produzem a representação que associa feminino, figura da bruxa e potência, afinal elas encantavam animais, curavam doenças, minoravam o sofrimento, seduziam os homens, copulavam com demônios, voavam na escuridão noturna, transmutavam objetos. A ação sobre a realidade e sobre o outro era intensa, bem como a posição ativa e fálica da mesma forma que a posição passiva e sedutora. De qualquer forma, a demanda posta a A. para lidar com seu sofrimento se articula ao modo de subjetivar que predomina no seu entorno espacial e temporal. Nesse contexto, a figura da bruxa pariu inquisições, discriminações e fogueiras e também pariu o feminino como erotizado e potente. Assim, o caminho trilhado por Antônia na busca por minorar seu sofrimento e elaborar sua subjetividade demandou a identificação com essa figura marcada pelo binarismo da lógica formal linear e causal como fálica, ativa, passiva, sedutora.

Algumas possibilidades

O interesse posto nesse trabalho é problematizar leituras que sustentem o trabalho terapêutico para além da disjunção ativo e passivo e das referências da matriz identitária que tanto concebem o *pathos* como sofrimento passivo quanto designam a passividade e seus atributos à figura do feminino. Nessa perspectiva, o sofrimento opera como enclave para o trabalho do terapeuta. Associar o sofrimento de Antônia à condição de bruxa a partir da designação de atributos estabelecidos pela lógica formal e pelo binarismo não oferece possibilidade para lidar com o processo por ela vivenciado.

Necessário salientar que não interessa sobrepor o sofrimento das bruxas ao sofrimento de Antônia, pois os sentidos agregados ao símbolo bruxa que operam como referencial identitário para ela não aludem de forma imediata ao sofrimento que a mobiliza a procurar um profissional buscando outro colorido para sua configuração *páthica*. Não obstante, Antônia, ao recorrer ao símbolo da bruxa e enunciar-se como uma, explicita sua inscrição psíquica em determinada tradição histórica, cultural e da linguagem, bem como explicita seu engate aos sentidos encarnados nessa figura histórica e mítica e no conceito que a representa. O singular do sofrimento de A. se associa ao coletivo das práticas e dos discursos e demanda um trabalho ancorado por uma teoria e por um fazer-se terapêutico que opere como rede que pesca retendo e deixando vazar. Um trabalho poroso o suficiente para se deixar atravessar pelas dimensões coletivas e singulares e que retenha as referências necessárias à produção de metáforas que ofereçam sentidos às experiências produzidas nesse trabalho.

A identificação com os discursos da ciência não oferece anteparo para o encantamento do brilho que emana das concepções sobre a certeza associada à subjetividade substantivada, representada e presentificada. Da mesma forma que não sustenta posições imunes ao enredamento por discursos que prometem obliterar o vazio e recobrir a realidade. Assim, temos que nos haver com os efeitos do encantamento lançados àqueles que habitam e são habitados por discursos que prometem a plenitude de sentidos, à medida que essa morada pode explicitar processos de sujeição e de alienação.

Entender a escuta, conforme propõe Fédida (1991, 1996), como fundadora da ausência implica em sustentar o vazio como potência criadora e não ancorar a escuta na presença e na busca por preencher um suposto vazio. Acompanhar Derrida na khôra (1995, 2006) como aberta ao deslizamento de sentidos e ao espaço-tempo como devir pode implicar em atravessar a presença substantivada na universalidade dos sentidos e aderir ao indecidível do vazio e da palavra inaudita. Pode implicar, ainda, silenciar com Antônia frente aos apelos dos sentidos excedidos e excessivos postos pela rede simbólica sobre a bruxa e na bruxa e, porventura, atravessar o vazio da palavra ainda não pronunciada, porém também não calada.

O processo de nomear um objeto pressupõe a adesão ao universal e a queda do singular, ou seja, nesse processo incorre-se na produção de um conceito que opera como um universal. Este movimento põe em marcha uma restrição de sentidos face ao objeto nomeado sustentando a anterioridade de uma leitura que supostamente o define. A representação opera a partir desses princípios e o modo de subjetivar e de conhecer hegemônico encontra-se marcado pela dificuldade de lidar com outras perspectivas capazes de enunciar a radical alteridade do outro e o impossível da sua tradução (Derrida, 1971, 1975, 2001, 2006). Não obstante, o próprio ato de elaboração do conceito e sua disseminação no (con)texto explicita uma específica relação estabelecida com o cotidiano e a vida das pessoas. Problematizar essa relação e seus percalços abre um caminho necessário para o trabalho com o humano que se constitui no plano da linguagem e da experiência.

Assim, a figura da bruxa e sua manutenção na rede simbólica e nas práticas sociais que atravessa gerações e continentes pode nos dizer algo sobre a modalidade de produção subjetiva, porém, considerando o singular associado ao universal e o processo do devir, é importante relevar a apropriação que cada pessoa realiza a partir desse (con)texto. Ao problematizar o devir e o deslizamento do sentido no conceito, bem como os sentidos para o vazio, o feminino, o sofrimento, é possível questionar a relação linear, direta e causal de A. com esses conceitos.

As leituras de Derrida sobre o signo como escritura possibilitam supor a inscrição psíquica de A. como instituindo uma singularidade, ou seja, não existiria nenhum *a priori* subjacente a essa singularidade, entretanto a adesão à crença na origem e no logos estabelece a existência de um sentido anterior que opera na inscrição psíquica. Assim, a bruxa Antônia pode agregar o universal atribuído à bruxa e presente na tradição europeia e brasileira, caminhando na senda da *mesmidade*, bem como pode diferir esse universal na trilha da diferença. O relacionamento estabelecido com o plano da lógica formal linear e causal e dos fundamentos metafísicos ressoa no trabalho terapêutico e no enclave que a bruxa Antônia estabelece com o vazio e a substância produzindo-se na singularização desses sentidos.

O trabalho de escuta do sofrimento demanda manter o devir frente aos sentidos produzidos no trabalho terapêutico, sustentando o vazio não como ausência ou um espaço tempo a ser preenchido. A resistência que o inconsciente oferece à representação emerge como um enigma que descentra o sujeito universal e *falologocêntrico* ancorado no saber da ciência e na substantivação da subjetividade. Nessa trilha, o enigma paira e sua insustentável leveza não o acopla a corpos fechados em sua totalidade e que pesam devido a sua ontologização calcada na metafísica da presença. Os corpos marcados pelo vazio parecem oferecer hospitalidade ao enigma e ao inconsciente, inspirando a lidar com o vazio, o indecidível e a aporia não como incompletudes, mas, antes, como devir.

Referências

Abbagnano, N. (1962). *Dicionário de filosofia*. São Paulo: Mestre Jou.

Blanché, R. & Dubucs, J. (2001). *História da lógica*. Lisboa: Edições 70.

Barros, M. (1994). *O livro das Ignorãças*. Rio de Janeiro: Civilização Brasileira.

Barus-Michel, J. (2003). Sofrimentos, trajetos, recursos. Dimensões psicossociais do sofrimento humano. In: T. Aiello-Vaisberg & F. F. Ambrosio (orgs.). *Trajetos de sofrimento: rupturas e (re)criações de sentido* (pp. 17-40). São Paulo: Universidade de São Paulo.

Bitbol, M. (2002). *Física e filosofia do espírito*. Lisboa: Instituto Piaget.

Butler, J. (2003). *Problemas de gênero – feminismo e subversão da identidade*. Rio de Janeiro: Civilização Brasileira.

Chauí, M. (1996). Filosofia moderna. In: *Primeira filosofia – aspectos da história da filosofia* (pp. 60-108). São Paulo: Brasiliense.

Chauí, M. (2000). *Convite à filosofia*. São Paulo: Ática.

Derrida, J. (1971). *Escritura e diferença*. São Paulo: Perspectiva (Coleção Debates).

Derrida, J. (1975). *Posições*. Lisboa: Plátano.

Derrida, J. (1995). *Khôra*. Campinas: Papirus.

Derrida, J. (2001). *Mal de arquivo: uma impressão freudiana*. Rio de Janeiro: Relume Dumará.

Derrida, J. (2006). *Gramatologia*. São Paulo: Perspectiva.

Fédida, P. (1988). *A clínica psicanalítica: estudos*. São Paulo: Escuta.

Fédida, P. (1991). *Nome, figura e memória: a linguagem na situação psicanalítica*. São Paulo: Escuta.

Fédida, P. (1996). *O sítio do estrangeiro – a situação psicanalítica*. São Paulo: Escuta.

Fédida, P. (1999). *Depressão*. São Paulo: Escuta.

Foucault, M. (1977). *História da sexualidade*. Rio de Janeiro: Graal.

Foucault, M. (1979). *Microfísica do poder*. Rio de Janeiro: Graal.

Foucault, M. (1990). *As palavras e as coisas*. Rio de Janeiro: Graal.

Ginzburg, C. (1991). *História noturna*. São Paulo: Cia das Letras.

Krause, D. (2002). Lógica sortal e física quântica. In: A. O. Cupani & C. A. Mortari (orgs.). *Linguagem e filosofia* – Núcleo de Epistemologia e Lógica da UFSC – Rumos da Epistemologia, *6*, 23-42.

Leibniz, G. H. (1983). *O discurso de metafísica – Os pensadores*. São Paulo: Abril Cultural.

Laqueur, T. (2001). *Inventando o sexo: corpo e gênero dos gregos a Freud*. Rio de Janeiro: Relume Dumará.

Maturana, H. & Varella, F. (2001). *A árvore do conhecimento: as bases biológicas do entendimento humano*. Campinas: Editorial Psy II.

Mello e Souza, L. (1986). *O diabo e a terra de Santa Cruz – feitiçaria e religiosidade popular no Brasil colonial.* São Paulo: Companhia das Letras.

Mello e Souza, L. (1993). *Inferno atlântico*. São Paulo: Companhia das Letras.

Nogueira, C. R. F. (2004). *Bruxaria e história: as práticas mágicas no ocidente cristão*. São Paulo: EDUSC.

Prigogine, I. (1996). *O fim das certezas: tempo, caos e as leis da natureza*. São Paulo: Editora da Universidade Estadual Paulista.

Ribas, A. (1997). *Biografía del vacío. Su historia filosófica y científica desde la Antigüedad a la Edad Moderna.* Barcelona: Destino – Ensayos.

O serviço de psicologia aplicada e o trabalho com adolescentes: contribuições para a clínica ampliada da psicanálise

Karla Patrícia Holanda Martins*

O presente artigo propõe pensar as contribuições dos Serviços de Psicologia Aplicada (SPA) à clínica ampliada da psicanálise e suas dificuldades frente ao percurso de inserção no campo da saúde. Tomar-se-á como ilustração o Serviço de Psicologia da Universidade de Fortaleza, em particular o trabalho junto aos adolescentes com graves impasses nas operações de linguagem e no laço social[1]. Considera-se que as questões aqui tratadas relacionam-se a um contexto mais amplo da história da difusão e ensino da psicanálise nas universidades brasileiras, no final dos anos 70 e início dos anos 80 do século passado, quando os limites e possibilidades da inferência

* Professora da Universidade Federal do Ceará-UFC, Professora colaboradora do Programa de Pós-Graduação em Psicologia da Universidade de Fortaleza-UNIFOR. Psicanalista.

[1] Gostaria de agradecer à mestranda do Programa de Pós-Graduação em Psicologia da UNIFOR Iane Pinto Castro e a todos que participam do projeto "Artes e mediações terapêuticas", ponto disparador deste artigo: Marianna Domingues, Nara Pinheiro (bolsista PROBIC/CNPq), Lorenna Pinheiro (bolsista PROBIC/CNPq), Paulo Parente Júnior (bolsista FUNCAP), à equipe da Terapia Ocupacional, professora Rosana Campos, psicóloga Terciana Nogueira e terapeuta ocupacional Rafaela Campos, ao coordenador do curso de Belas Artes Professor Carlos Velasquez Rueda e aos seus monitores Liandro Roger Machado e Segiane Cabral; e, em especial, à Professora Maria Celina Peixoto Lima, uma das coordenadoras e idealizadoras do projeto. As reflexões contidas neste artigo foram elaboradas quando a articulista era docente do Programa de Pós-Graduacão em Psicologia da Universidade de Fortaleza e uma das coordenadoras do projeto.

dos saberes e práticas *psi* no campo da saúde pública foram pensados em importante diálogo com as Ciências sociais.

No final dos anos oitenta e início da década de noventa do mesmo século, uma geração de psicanalistas, egressos das graduações em Psicologia, chegou aos ambulatórios de saúde pública desconfiada dos limites de seu referencial teórico e de sua aplicabilidade prática. Havíamos sido precedidos pelas legítimas interrogações que marcaram a produção acadêmica no Brasil nas décadas de 70 e 80, que, alicerçada pelas reflexões das Ciências sociais, discutia a delimitação do campo analítico e os efeitos de difusão dos saberes e práticas *psi* sobre os modos de subjetivação contemporâneos. Podemos exemplificar com a crítica antipsiquiátrica de Ronald Laing e Robert Castel e, sobretudo, com a genealogia de Michel Foucault, os trabalhos de Basil Bernstein sobre as relações entre a produção dos diversos sistemas de linguagem e as classes sociais, Paul Bercherie (1988), B. Bernstein (1971), P. Berger e T. Luckmann (1973), as obras de L. Boltanski (1977, 1979), Pierre Bourdieu (1979), entre outros.

Os trabalhos produzidos na antropologia brasileira estendiam suas críticas à psicologia clínica e apontavam a necessidade de mudanças profundas na constituição de seu campo teórico-prático, a exemplo o artigo dos antropólogos Daniela Ropa e Luiz Fernando Duarte (1985, p. 178) e suas considerações teóricas sobre a questão do atendimento psicológico às classes trabalhadoras, no qual os autores concluem sobre o que consideraram resultados terapêuticos desanimadores das práticas psicoterápicas em relação às classes trabalhadoras e sinalizam uma provável inadequação dos nossos instrumentos terapêuticos no atendimento a estas populações. Em resposta às novas indagações, um novo campo de teorizações começara a se construir (a exemplo: Figueira, 1978, 1980, 1981, 1985 e Coutinho, 1985, entre outros). Indicamos para o aprofundamento do tema o interessante inventário das referências do campo antropológico que colaboraram com a constituição do campo *psi*, no caso particular do Rio de Janeiro, realizado pela antropóloga Jane Russo (2004).

O diálogo crítico com o discurso e poder médicos, no contexto das instituições brasileiras, é posto em foco, também no início dos anos oitenta, com a publicação do trabalho *Ordem médica e norma familiar* de Jurandir Freire Costa (1980). Em 1984, seguiram-se as suas reflexões acerca da violência. Mais no final da década, a aprovação do Estatuto da Criança e do Adolescente e as discussões em torno da reforma psiquiátrica colocam em cena novas reflexões acerca das limitações dos modelos de atuação e formação de psicólogos e psicanalistas e suas possibilidades de inserção.

Ressalte-se que o breve inventário de autores acima elencado é um recorte das discussões testemunhadas pela autora e aqui consideradas apenas como ilustrativas de um conjunto de preocupações que fizeram parte da história da psicologia no Rio de Janeiro, com efeitos para uma geração de psicólogos e psicanalistas formada nos anos 80 que, atravessados por estas discussões, interrogavam a possibilidade de um exercício da psicanálise em contextos sociais tão diferentes daqueles tradicionalmente relacionados ao seu exercício clínico. Da mesma forma nos perguntávamos se a psicanálise sobreviveria em um campo como o da saúde pública, onde os profissionais *psi* e os da assistência social, ali já inseridos, se apresentavam ortopedizados pelas demandas de uma clínica médica. Assustava-nos o fantasma de que o exercício da psicanálise não resistiria ao projeto institucional dominante e que cedo ou tarde nos renderíamos às impossibilidades de uma clínica psicanalítica nesses contextos.

Já nos anos 90, o campo teórico que havia começado a se constituir nas décadas anteriores começa a dar testemunho desta aventura, marcado, agora, pelas teses sobre a legitimidade da psicanálise em extensão e a simultânea implosão das condições imaginárias para a presentificação do sujeito do inconsciente. Em 1997, a psicanalista Ana Cristina Figueiredo, na sua pesquisa sobre o exercício da psicanálise nos ambulatórios públicos, faz um inventário dos mitos que durante um longo período assombraram os que se aventuravam numa clínica psicanalítica em instituições públicas, quais sejam: a ausência do pagamento em dinheiro, as modulações relativas ao tempo das sessões, a duração do tratamento, a ausência do uso do divã, etc. Tais mudanças, até então consideradas como entraves que colocavam em xeque a legitimidade do método, foram desconstruídas em seu retorno aos princípios da metapsicologia freudiana. Ao final, conclui: "não há duas psicanálises, uma para o consultório e outra para o ambulatório" (Figueiredo, 1997, p. 11), posto não haver uma correspondência tautológica entre um modelo único de intervenção e a generalidade dos sujeitos que nos procuram, seja no consultório ou nas instituições públicas de saúde.

Aliada às teses da reforma psiquiátrica, a psicanálise não recuou diante das relações entre clínica e política. Sob efeito de seu percurso e de sua ética, continua a ser interrogada e levada a se engajar em debates que a transportam para além dos modelos de transmissão e clínica tradicionais. Neste sentido, encontra-se, hoje, convocada a construir respostas aos grandes desafios impostos pelas mutações do laço social no campo da cultura e seus efeitos nos modos de subjetivação contemporâneos. Mas é igualmente chamada a se responsabilizar por sua entrada nos mais diversos campos da saúde mental, a partir, por exemplo, dos efeitos produzidos pelo seu ensino na Universidade e da sua consolidação nos serviços de saúde pública.

Como indicamos acima, as discussões em diálogo com as Ciências Sociais marcaram o início do ensino da psicanálise na Universidade. As produções teóricas dos anos 70 e 80 produziram mudanças importantes na formação daqueles que se engajaram na causa psicanalítica de uma clínica ampliada. Como observa Figueiredo (2010), psicanalistas e psicólogos nunca estiveram fora da discussão sobre as políticas no campo da saúde mental que sustentaram o processo de reformulação das políticas psiquiátricas e os novos dispositivos de assistência aos doentes mentais pautados na ideia de promoção à saúde.

Sabe-se que no caso particular do Brasil os cursos de graduação em psicologia representaram uma importante via de extensão. Enquanto nas disciplinas de Teoria e Técnicas Psicoterápicas (TTP) os alunos tinham acesso aos estudos teóricos sobre a "técnica" psicanalítica, nos Serviços de Psicologia Aplicada, oferecida como uma das modalidades de atendimento psicoterapêutico, transformava-se em um lócus de institucionalização de sua prática clínica, abrindo caminhos de acesso à rede de saúde pública de atendimento (Martins, Matos & Maciel, 2009).

Paralelamente, os princípios norteadores do Sistema Único de Saúde e da Reforma Psiquiátrica ampliavam as redes de inserção deste egresso nas instituições de saúde mental. Em síntese, diante dos desafios institucionais e dos limites de elaboração teórica encontrados pelos profissionais em formação psicanalítica inseridos neste "novo" campo, os anos oitenta e noventa foram marcados por importantes esforços de teorização sobre "as vastas confusões e atendimentos imperfeitos" (Figueiredo, 1997). Mais ainda, contribuições importantes foram dadas na construção e ampliação de novos dispositivos institucionais no campo da saúde mental a partir dos pressupostos clínicos e conceituais da psicanálise em todo o Brasil.

Embora se considere, numa determinada perspectiva, incontestáveis os avanços no campo das políticas de saúde mental voltadas aos pacientes adultos, no que se refere ao trabalho com crianças e adolescentes são apontadas resistências que dizem respeito, por exemplo, às exceções na direção do tratamento impostas aos modelos mais tradicionais, a citar: o trabalho com os pais, o acompanhamento junto à escola e/ou outros dispositivos de intervenção clínica e de redes sociais; ou seja, a dimensão ampliada de trabalho, principalmente quando se considera os casos de psicose e os impasses graves no desenvolvimento (Guerra, 2005). Insistimos: a imprecisão das políticas de atendimento aos adolescentes é ainda mais aguda. No limiar entre as diretrizes voltadas às crianças e aos adultos, poucas são aquelas que levam em conta, por exemplo, suas operações de linguagem e as especificidades do modo como constituem o laço social; especificidades estas com consequências fundamentais para pensarmos a transferência e as dimensões do ato, seja o ato criativo, o de aprender, o de contestar, entre outros.

No Brasil, segundo o último censo do Instituto Brasileiro de Geografia e Estatística (IBGE, 2007), a população de adolescentes corresponde a 30,33% da nacional. Dados do Ministério da Saúde divulgados em 2005, portanto ainda anteriores ao censo, estimam que 10% a 20% da população de crianças e adolescentes é diagnosticada com transtornos mentais (Monteiro, Ribeiro & Bastos, 2007). Ainda segundo o Ministério, o plano de política pública voltado para essa área não tem conseguindo atender toda a demanda, o que vem resultando em precário atendimento. No Estado do Ceará, com uma população 8.180.087 habitantes, apenas seis Centros de Atenção Psicossocial Infanto-juvenil (CAPSi) estão em funcionamento em todo o Estado; apenas dois na cidade de Fortaleza. Na situação particular do Estado, a rede de atenção primária de saúde, a despeito da expressiva média demográfica, também não oferece atendimento psicoterápico. A descentralização dos equipamentos não representou uma responsabilização do setor público pelo atendimento destes jovens; ao contrário, o que assistimos é uma negação da dimensão psicopatológica em privilégio da dimensão da inserção social. No caso da cidade de Fortaleza, os dois serviços de psicologia aplicada em funcionamento desempenham parte do que caberia aos programas da prefeitura.

No campo da assistência social, a falta de efetividade e planejamento das ações acabam levando ao grave subaproveitamento dos recursos destinados aos programas de assistência: dos R$ 19.512 milhões autorizados para o ano de 2010 só foram gastos 13.023 milhões e há casos em que o orçamento sequer foi executado, como o caso do Programa de Capacitação e Geração de Renda das Famílias do PETI (CEDECA, 2011). Em relação aos projetos de abrigamento a situação é ainda mais grave: em recente relatório foi constatado que alguns dos adolescentes abrigados estão no local pela falta de outras políticas, inclusive aquelas relativas ao tratamento terapêutico para drogadicção e/ou proteção para os jovens ameaçados em suas comunidades (CEDECA, 2011). Mas é fato que a discussão acerca do precário atendimento das demandas dos adolescentes em sofrimento psíquico agudo e em precário estabelecimento dos seus laços sociais se estende ao território nacional (Guerra, 2005).

Diante do lugar ocupado pelas clínicas-escola no sistema de saúde, a apreciação das demandas institucionais do SPA da Universidade de Fortaleza e as propostas de atendimento dirigidas ao adolescente nesta mesma instituição foram escolhidas como pontos de partida para uma reflexão sobre os limites dos dispositivos clínicos tradicionais e o papel importante que a arte pode conferir na construção de uma clínica ampliada da psicanálise, em diálogo com as políticas de saúde mental e o discurso médico.

A clínica-escola na rede de saúde mental

A clínica-escola do Curso de Psicologia da Universidade de Fortaleza acaba de completar vinte e cinco anos. Situada no Núcleo de Assistência Médico-Integrada (NAMI) da referida universidade, presta atendimento clínico a crianças, adolescentes e adultos, oferecendo distintas modalidades de trabalho (individual, grupos terapêuticos e psicopedagógicos), organizadas a partir das matrizes teóricas do curso.

Inicialmente, a oferta de atendimento, em sua grande maioria, estava dirigida às crianças. Nos anos iniciais de seu funcionamento, a procura pelo serviço era bastante irregular: cartas foram postadas às escolas municipais com vistas a noticiar os serviços prestados à comunidade. Já no início da década de noventa, sob efeito da difusão dos saberes e práticas *psi* no Estado e da institucionalização dos processos de avaliação psicológica no campo das práticas médicas e pedagógicas, a demanda chegava, inclusive, do interior Estado, objetivando avaliações diagnósticas. Recortes na história deste Serviço merecem uma reflexão mais aprofundada quanto aos processos de institucionalização e difusão das práticas *psi* no Estado; todavia, tais recortes não se constituirão aqui objeto de nossas reflexões mais diretas.

As mudanças ocorridas no cenário nacional de políticas públicas para a saúde mental (Brasil, 2002) e as novas diretrizes de formação do aluno de psicologia (CNE/ABEPSI, 2004) têm convocado os serviços-escola a repensar seus lugares e sua ética frente aos progressivos deslocamentos destas práticas para o campo da saúde. Em 1999, os dados do relatório institucional do SPA apontavam o quantitativo de 4900 atendimentos ao ano. Em 2004, o serviço, acompanhando a tendência acima, assinou convênio com o Sistema Único de Saúde (SUS) e já no ano de 2010 superou a faixa de 20000 atendimentos, dentre eles, 9689 com crianças e adolescentes.

Nos últimos anos, testemunha-se um crescente número de encaminhamentos de adolescentes em sofrimento agudo, alguns com vínculos familiares e/ou escolares rompidos. A questão do dito fracasso escolar antes dirigida à criança é apenas suspensa até a entrada desta na adolescência. É significativo o número de adolescentes com graves impasses na leitura e escrita, alguns ainda não conseguindo ler ao concluir o ensino fundamental, outros, após tentativas de suicídio, chegam também medicados e em profundo isolamento.

Alguns dos modelos de atendimento no SPA repetem uma trajetória histórica em que as intervenções no campo da saúde acompanham a tendência normativa, enquanto as intervenções no campo da aprendizagem se associam em nome da prevenção, do controle e, em última instância, da pasteurização das diferenças, em que não cabe a ninguém almejar a escolha e o lugar de exceção. A crescente medicalização do sofrimento é uma das formas de expressão no social desta intolerância à diferença.

A partir das atuais experiências desenvolvidas com crianças psicóticas e neuróticas graves, nas quais se formula a proposta de uma "prática entre muitos" (Miller, citado por Di Ciacca, 2005), aposta-se, no que se refere ao trabalho entre os profissionais, que a interferência da psicanálise aplicada ao campo da saúde mental deva acompanhar a ideia de uma desespecialização (Stevens, citado por Elia, Costa & Pinto, 2005, p. 129). Esta condição pode ser fortemente favorecida pelos modos como a clínica-escola se organiza, seja a partir do possível diálogo com outros cursos de graduação, seja pela possibilidade de instituir novas frentes de trabalho com as demais práticas clínicas. Voltolini (2010)[2] sugeriu o uso do termo inter-ferir para demarcar o duplo movimento: em seus deslocamentos, a psicanálise fere mas é igualmente ferida, os furos provocados fazem surgir novos enigmas, desafios ao saber e ao ato. Enigmas fundamentais tanto para a construção da clínica ampliada da psicanálise quanto para a introdução do estudante em um processo de formação analítica.

Ao destacar o ponto de inflexão ética da psicanálise, ou seja, a positividade do não-saber, Palombini (2010) retoma o conceito de interdisciplinaridade, sugerindo que o trabalho em equipe deve "permitir que o potencial de pensamento substantivamente inovador surja em um esforço colaborativo de estudiosos de diferentes disciplinas [o que] requer – descobrimos – a liberdade, a coragem e o risco de trabalhar sem objetivos predeterminados e sem conhecer o desfecho possível da colaboração" (Brayman *et al*, citado por Palombini, 2010, p. 120).

Todavia, é necessário considerar que as práticas de atendimento clínico na Universidade orientadas pela psicanálise são realizadas com alunos em formação, muitas vezes atravessados por um percurso de graduação em que as vias do curar e do educar ainda não foram desestabilizadas. Freud (1912/1980) já havia recomendado cautela frente a tais imperativos, expondo-os como pedras no caminho da formação dos analistas. Como pedras, sideram e fazem retornar o caminhante, convocando-o ao exercício permanente de fazer da resposta enigma. Deste modo, não se pode ceder, por exemplo, à submissão aos princípios igualitários que norteiam a "clínica do cidadão" e "escamoteiam o que de singular possa surgir, em uma escuta surda pautada nos princípios da instituição" (Elia, Costa & Pinto,

---

[2] R. Voltolini. Palestra ministrada na mesa redonda Psicanálise e Educação no Brasil. In: *Colóquio Internacional do LEPSI, 8, e RUEPSY, 3, 2010. O declínio dos saberes e o mercado do gozo: a psicanálise na educação,* São Paulo: USP.

2005, p. 133). Portanto, "ferido" pela psicanálise, o estagiário de psicologia deve responder ao fundamental da sua ética: escutar o sujeito a partir de seu inconsciente e da posição pela qual ele é responsável.

Nesta direção, apostamos no diálogo profícuo entre a psicanálise e a arte, ao produzir como "efeito de sujeito" (Rivera, 2007) o saber-fazer com o real. Portanto, demarca-se a diferença entre um recurso à arte para entretenimento e outro que a tome como possibilidade de acesso ao sensível, capaz de refundar as relações do sujeito com o real, abrindo a possibilidade de elaborar algo de inédito em relação ao seu sofrimento.

No ano de 2010, no contexto da referida clínica-escola, considerando-se as especificidades do laço transferencial na adolescência e as demandas surgidas frente aos impasses nos processos terapêuticos de alguns adolescentes, o Projeto Artes e Mediações Terapêuticas foi proposto para um grupo inicial de oito adolescentes com idade média entre 15 e 18 anos. A maioria destes estava na instituição há mais de cinco anos, mas alguns haviam chegado ainda na infância com queixas relativas à aprendizagem do conteúdo escolar (até aquele momento ainda não tinham se alfabetizado). Na ocasião, foram atendidos e/ou triados no setor de psicologia, sem continuidade do trabalho. Há mais ou menos três anos participavam de uma proposta de intervenção grupal no setor de terapia ocupacional.

A equipe atual é formada por estagiários de psicologia e seus respectivos professores-supervisores com orientação psicanalítica: uma psicóloga, uma terapeuta ocupacional, uma estagiária de psicopedagogia e alunos/monitores do curso de Belas Artes. O projeto consiste no atendimento semanal dos adolescentes em grupo em um ateliê na Universidade, quando são propostas oficinas de desenho, pintura e modelagem, entre outras atividades no campo da arte. Enquanto participam das oficinas, suas mães permanecem na clínica-escola em atendimento nos grupos mediados pela terapia ocupacional. Considerando-se a direção terapêutica de cada caso, estão previstos ainda a participação dos adolescentes em atividades psicopedagógicas e atendimentos clínicos individuais tanto no que se refere aos jovens quanto aos seus pais.

Seguindo as indicações de Rassial (1999, 2002) de pensarmos a adolescência como paradigma de uma modalidade de laço social, aquela de contestação ao laço fundado nas garantias, observa-se, nos casos acompanhados, a suspensão desta condição. O modelo infantil, aquele sustentado pela crença na soberania do Outro, não desmoronou. Em outras palavras, a operação psíquica que caracterizaria a adolescência foi objetada, muitas vezes, pelo discurso médico, pela instituição familiar e/ou pelo *logos* pedagógico. De que modo a arte poderia funcionar como mediação e condição de emergência do desejo?

Condições para emergência do sujeito do inconsciente no dispositivo analítico

Deve-se considerar que neste contexto a tarefa primeira do trabalho analítico com estes adolescentes seria a de dar condições para a instauração desta operação em que as garantias possam ser contestadas, dando lugar ao estranhamento e à problematização, construindo mediações sem as quais se torna impossível fazer a passagem-adolescente (Rassial, 1999). Em outras palavras, os dispositivos oferecidos devem ser capazes de sustentar uma posição do sujeito adolescente no laço social, possibilitando a assunção de suas escolhas e a emergência do desejo.

Com este objetivo, o que os operadores destes dispositivos precisam reconhecer? Tomemos novamente a indicação de Rassial (2002) que, retomando Winnicott, propõe que os adolescentes não pedem compreensão, mas reivindicam o reconhecimento do seu saber e a escolha de uma posição que derive desta condição. Assim, o adolescente denuncia a impostura daqueles que se arrogam escolher por ele. Quando resiste às formas de sujeição, pode recusar individuar-se de acordo com as exigências do poder, colando-se em uma identidade predeterminada e conhecida. Ao fracassarem as suas condições de simbolização, responde com um ato que o exclui do laço social. Desafios são impostos à clínica, redesenhando a função do analista. Lebrun (2008), ao situar os processos de dessimbolização e suas inéditas condições de sujeição, propõe ao analista de hoje:

> o trabalho de explorar o impasse no qual o paciente se encontra [...] o que de modo algum equivale a propor-se como modelo, mas a mostrar que existe a possibilidade

> de encontrar outro modo de fazer, de inventar, contanto que use o que prescreve a estrutura da linguagem [...] encontrar nele (paciente) um lugar de exceção (Lebrun, 2008, p. 331).

Assim como a hipótese da suposição de saber totalizante ao analista é posta em questão na clínica com adolescentes, a transferência igualmente não se sustenta na suposição imaginária de um outro onipotente (Rassial, 2002). Tais condições colocam em cena a imagem do brincar no *playground*, trazida por Freud (1914/1980; 1920/1980), respectivamente, nos contextos da clínica e da metapsicologia. Uma articulação com extensas consequências para os processos de elaboração e sua dimensão de subversão das posições sujeito/objeto. Na dissolução destas fronteiras, arte e psicanálise confluem em seus objetivos, afirma Rivera (2007):

> Isso que a psicanálise teoriza e promove, o descentramento do sujeito, a produção artística o efetua, em seu próprio campo, e mais agudamente (ou com outro relevo) a partir das décadas de 50-60. De modo que não se trata mais de tomar o artista em oposição complementar ao espectador, mas de conceber o sujeito como algo que se produz fugidiamente entre os dois, graças a um certo arranjo situacional que é sempre um arranjo simbólico. Seja ele um dispositivo, uma ação, um conceito ou certa presença de um corpo, um objeto ou um lugar, ele deve estar em medida de convocar o sujeito e reconfigurar suas relações ao objeto (Rivera, 2007, p. 7).

O ato criativo mediado pelas experiências nas oficinas, ao colocar em cena a experiência com o real, pode favorecer condições para o surgimento de novas formas de simbolização e enunciação, com consequências para a relação dos adolescentes com o saber. Kastrup (2001), pensando as relações entre os processos de criação e a aprendizagem, destaca dois pontos fundamentais: o aprender possui caráter imprevisível e encontra-se relacionado à invenção de problemas e não apenas à invenção de solução de problemas.

Conforme apontado acima, o drama destes adolescentes não decorre da hipótese – própria à adolescência – sobre a vacuidade do lugar do Outro e sua estrutura de ficção; marcados pelo regime da impotência, permanecem à deriva de um Outro intrusivo. Problematizar pode significar, às vezes, contestar os laços imaginários fundados nas garantias. É preciso ainda indagar sobre a posição subjetiva dos pais. Mannoni (1999) já propusera a relação entre a dimensão sintomática dos impasses na aprendizagem e as angústias do outro materno. O deslocamento dos jovens para o *campus* universitário, correlativo ao afastamento destes do espaço onde permaneciam suas mães, gerou uma série de preocupações e angústias nas mães: saberiam atravessar a rua? E o que elas fariam sem a presença deles?

A título de tecer algumas considerações finais, retomaremos um fragmento do trabalho com um dos jovens acompanhado nas oficinas com o objetivo de apontar a necessidade de retomarmos a ressalva freudiana de que o desejo do sujeito e sua responsabilidade frente aos ganhos com seu sintoma são de importância fundamental para o exercício da psicanálise.

Considerações finais

Após seis repetências em seu processo de escolarização, ele perguntava-se: "não sei por que me passaram, eu não sabia nada, nada aprendi". Em oposição ao desejo de ir à escola, relata o seu gosto em arrumar a casa, lavar a roupa, fazer comida e assistir TV. Tinha gosto também de ir à igreja com sua mãe cinco vezes por semana. Sua mãe o acompanha para todos os lugares, na garupa de sua motocicleta; vai indicando o caminho ao filho, acrescentando que ele não tem condição de andar sozinho, "ele é retardado" (*sic*). O pai segue-os, na bicicleta. O suposto diagnóstico de retardo mental fora deduzido a partir dos atestados médicos que apontavam uma "deficiência cognitiva moderada/leve" e outro justificando o benefício que ele recebe do INSS. O dinheiro recebido compõe parte importante da renda familiar. Anuncia que iria parar de estudar este ano, "já chega, o que já aprendi até agora tá bom" (*sic*). Ao ser indagado sobre o que aprendeu até agora, o adolescente responde: "nada, não aprendi nada, mas não quero mais ir pra escola, os outros anos vão ser mais difíceis".

Se nos atendimentos individuais o trabalho com este jovem foi obstaculizado ao ser chamado a se responsabilizar pelo seu dito, nas oficinas de arte o mesmo se deslocava com francos avanços na sua capacidade de estabelecer novas modalidades de laços com os demais adolescentes e, principalmente, na transferência com os estagiários. Se, inicialmente, a questão sobre o seu desejo e sua relação com o saber pareciam permanecer intocados, o trabalho nas oficinas dava testemunho distinto quando disponibilizava para este adolescente condições para construção de algo novo na sua posição frente ao Outro.

O discurso da ciência que organiza nossa civilização atual e ao qual a medicina adere distribui claramente os parceiros da relação em dois lugares: o do mestre que detém o saber e o do escravo como objeto desse saber (Martins, Lima & Rodrigues, 2010). A formulação do diagnóstico obedece a tais regras. O retardo, por exemplo, será anunciado nos termos que o definem no campo científico, dando ênfase aos *déficits* na capacidade intelectual, descrevendo um indivíduo refém das indicações de seus próximos. Ao ocupar o lugar de objeto de um saber, o sujeito perde seu referencial e se identifica com a própria doença. No entanto, por maior que seja o esforço do discurso científico de anular os efeitos subjetivos, algo escapará aos efeitos de sujeição. Mais ainda: as modalidades através das quais os indivíduos se apropriam do discurso social colocam em cena o sujeito do desejo e sua posição de subversão.

Haverá condições para o exercício da prática psicanalítica sempre que sejam mantidas as condições para a escuta e presentificação de atos inéditos do sujeito em sua singular relação com o desejo. A arte, em seu princípio de diluição das fronteiras sujeito/objeto, simultaneamente enigma e mediação à construção de um saber inédito, pode fazer frente às perspectivas normativas. O trabalho com este jovem não poderá ignorar os ganhos relativos à manutenção do seu sintoma tanto no que se refere ao que o impede de formular um saber sobre enigma de sua origem e sua posição no mundo – a verdade relativa ao seu desejo –, quanto aos benefícios da sua posição sintomática para os demais membros de sua família. Considerando-se, por fim, que a impossibilidade de contestar os laços imaginários, fundados nas garantias, mantém estreitas relações com o ato de se apropriar do saber.

Deste modo, concordamos com a psicanalista Andréa Guerra (2005) quando esta propõe que a "clínica ampliada" da psicanálise na rede de saúde mental exige articulações entre a clínica e a política que apontam em direções que, às vezes, "ultrapassam o recurso à palavra ou à dimensão lúdica – tomadas como espaço da linguagem e da manifestação do sujeito desejante" (Guerra, 2005, p. 5). Ao privilegiarmos o sujeito, surgem, junto às novas modalidades de "aplicação" da psicanálise, a abertura à interdisciplinaridade, a diluição do *setting* clássico, determinando não apenas uma ampliação no campo das modalidades de intervenção, mas, e principalmente, uma nova política, interditada aos saberes totalizantes. Nos últimos trinta anos, um importante caminho foi percorrido.

Referências

Associação Brasileira de Ensino de Psicologia (2004). *Construção de acordos sobre a aplicação das diretrizes curriculares para os cursos de psicologia no país.* Disponível em <http://www.abepsi.org.br/web/diretrizes.aspx#>. Recuperado em 7 de fevereiro de 2011.

Becherie, P. (1988). *Géographie du champ psychanalytique.* Paris: Navarin.

Berger, P. & Luckmann, T. (1973). *A construção social da realidade.* Petrópolis: Vozes.

Bernstein, B. (1971). *Class, codes and control.* Londres: Routledge & Kegan Paul.

Boltanski, L. (1977). *Prime éducation et morale de classe.* Paris: Mouton.

Boltanski, L. (1979). *As classes sociais e o corpo.* Rio de Janeiro: Graal.

Bourdieu, P. (1979). *La distincion.* Paris: Minuit.

CEDECA. (2010). *Análise dos gastos do orçamento criança e adolescente de Fortaleza em 2010.* Centro de Defesa da Criança e do Adolescente, Brasil.. Disponível em <http://www.cedecaceara.org.br>. Recuperado em 16 de março de 2011.

Costa, J. F. (1980). *Ordem médica e norma familiar.* Rio de Janeiro: Graal.

Coutinho, A. R. (1985). Pressupostos da noção de subjetividade. In: S. A. Figueira (org.). *Cultura da psicanálise* (pp. 63-93). São Paulo: Brasiliense.

Di Ciacca, A. (2005). A prática entre vários. In: S. Altoé & M. M de Lima. *Psicanálise, clínica e instituição* (pp. 34-54). Rio de Janeiro: Rios Ambiciosos.

Elia, L., Costa, R. & Pinto, R. F. (2005). Sobre a inserção da psicanálise nas instituições de saúde mental. In: S. Altoé & M. M. Lima. *Psicanálise, clínica e instituição* (pp. 129-135). Rio de Janeiro: Rios Ambiciosos.

Figueira, S. A. (1978). *Sociedade e doença mental.* Rio de Janeiro: Campus.

Figueira, S. A. (1980). *Psicanálise e ciências sociais.* Rio de Janeiro: Francisco Alves.

Figueira, S. A. (1981). *O contexto social da psicanálise.* São Paulo: Martins Fontes.

Figueira, S. A. (org.). (1985). *Cultura da psicanálise.* São Paulo: Brasiliense.

Figueiredo, A. C. (1997). *Vastas confusões e atendimentos imperfeitos.* Rio de Janeiro: Relume Dumará.

Figueiredo, A. C. (2010). Três tempos da clínica orientada pela psicanálise no campo da saúde mental. In: A. M. C. Guerra & J. O. Moreira. (orgs.). *A psicanálise nas instituições públicas: saúde mental, assistência e defesa social* (pp. 11-18). Curitiba: CRV.

Freud, S. (1912/1980). Recomendações aos médicos que exercem psicanálise. *Obras completas, ESB*, v. XII. Rio de Janeiro: Imago.

Freud, S. (1914/1980). Recordar, repetir e elaborar (Novas recomendações sobre a técnica da psicanálise II). *Obras completas, ESB*, v. XII. Rio de Janeiro: Imago.

Freud, S. (1920/1980). Além do princípio do prazer. *Obras completas, ESB*, v. XVIII. Rio de Janeiro: Imago.

Guerra, A. M. C. (2005). A psicanálise no campo da saúde mental infanto-juvenil. *Revista Psychê, 9*(15), 134-154.

Instituto Brasileiro de Geografia e Estatística. (2007). *População jovem no Brasil: a dimensão demográfica*. Brasil. Disponível em <http://www.ibge.gov.br/home/estatistica/populacao/populacao_jovem_brasil/comentario1.pdf>. Recuperado em 8 de fevereiro de 2011.

Kastrup, V. (2001). Aprendizagem, arte e invenção. In: D. Lins. (org.). *Nietzsche e Deleuze: pensamento nômade* (pp. 207-223). Rio de Janeiro: Relume Dumará.

Lacan, J. (1966/1967). La place de la psychanalyse en medicine. Conferência de 16 de fevereiro de 1966 no Collège de Medicine. *Lettres de l'École freudienne, 1*, 34-51.

Lebrun, J. P. (2008). *A perversão comum: viver juntos sem outro*. Tradução Procópio Abreu. Rio de Janeiro: Campo Matêmico.

Mannoni, M. (1999). *A criança retardada e sua mãe*. São Paulo: Martins Fontes.

Martins, K. P. H., Matos, T. G. R. & Maciel, R. H. M. O. (2009). Formação em psicologia e as novas demandas sociais: relato dos egressos da Universidade de Fortaleza. *Rev. Mal-estar e Subjetividade, 9*(3), 1023-1042.

Martins, K. P. H., Lima, C. P. & Rodrigues, H. (2010). A velhice e a morte em tempos de medicalização da existência. *Revista Cadernos de Psicanálise da Sociedade Psicanalítica do Rio de Janeiro, 29*, 67-72.

Ministério da Saúde. (2002). *Portaria no. 336/GM*. Brasil. Disponível em <http://portal.saude.gov.br/portal/arquivos/pdf/Portaria%20GM%20336-2002.pdf>. Recuperado em 8 de fevereiro de 2011.

Monteiro, K. A. C., Ribeiro, M. M. C. & Bastos, A. (2007). Porta de entrada para adolescentes autistas e psicóticos numa instituição. *Psicologia Ciência e Profissão, 27*(2), 290-303.

Palombini, A. (2010). Por uma ética da clínica, aposta nos que resistem. In: A. M. C. Guerra & J. O. Moreira (orgs.). *A psicanálise nas instituições públicas: saúde mental, assistência e defesa social.* CRV, 119-127.

Rassial, J.-J. (1999). *Da passagem adolescente: da família ao laço social.* Porto Alegre: Artes e Ofícios.

Rassial, J.-J. (2002). *O que os adolescentes ensinam aos analistas.* São Paulo: Instituto de Psicologia.

Rivera, T. (2007). O sujeito na psicanálise e na arte contemporânea. *Psicologia Clinica, 19*(1), 13-24.

Ropa, D. & & Duarte, L. F. Considerações teóricas sobre a questão do "atendimento psicológico" às classes trabalhadoras. In: S. A. Figueira (org.). *Cultura da psicanálise* (pp. 178-201). São Paulo: Brasiliense.

Russo, J. A. (1999). Uma leitura antropológica do mundo "psi". In: A. M. Jacó-Vilela, F. Jabur & H. B. Conde (orgs.). *Clio-Psyché: histórias da psicologia no Brasil* (pp. 37-42). Rio de Janeiro: UERJ, NAPE.

A psicanálise e o referencial de cientificidade que orienta a terapêutica: fundamentos para o debate na atualidade

Vinicius Anciães Darriba*

A extensão da psicanálise ao campo ampliado da clínica, para além de seu dispositivo original, enseja uma série de discussões. Uma delas diz respeito à relação entre a psicanálise e a terapêutica. O texto abaixo endereça-se a esta discussão com o intuito de problematizar o referencial de cientificidade que, na atualidade, se consolida como regulador para o domínio da terapêutica.

Em outubro de 2009, a revista *Nature* endereçou-se a psicólogos clínicos em um editorial que, em seu primeiro parágrafo, desabona a psicanálise freudiana pela ausência de evidências empíricas para sua teoria e de eficácia para seu tratamento, ressaltando ainda o gasto extraordinário envolvido. O fato de que o exemplo da psicanálise seja incluído sem ressalvas em um comentário crítico endereçado ao campo da psicologia clínica está no cerne do equívoco que imputamos ao editorial. A psicanálise não é uma psicologia clínica, assim como não é uma filosofia clínica ou uma clínica

* Professor na Graduação e no Programa de Pós-Graduação em Psicologia na UFPR – Universidade Federal do Paraná. Psicanalista.

médica; a psicanálise é a psicanálise. Tal tautologia pretende sublinhar que a experiência aberta por Freud funda uma posição no campo da clínica que não é redutível às demais. Portanto, cabe à psicanálise avançar em sua experiência, que nos confronta a um objeto inédito, e não buscar o tipo de aprimoramento teórico-clínico a que a psicologia é convocada no editorial, o que se faria às custas deste objeto.

O editorial da conceituada revista internacional de divulgação científica não é uma peça isolada. Ao contrário, é bastante representativo de um discurso que, na atualidade, se autovalida pela produção de evidências ditas científicas. Não se trata aqui de defender uma resistência cega da psicanálise em ceder à convocação para evidenciar seus resultados terapêuticos, mas da aposta nos efeitos de abrigar em sua experiência algo que não é passível de ser evidenciado nos termos requeridos por determinada ciência ideal. O primeiro elemento a ser aí problematizado é a primazia, no terreno da clínica, de certo referencial de cientificidade previamente submetido a evidências empíricas e econômicas.

Desde este referencial de cientificidade, eficácia é palavra de ordem que acaba por definir um valor absoluto. Isto tem incidência, em particular, no campo da clínica e, mais em particular ainda, no terreno do terapêutico. Neste, a evidência científica da eficácia é associada à evidência econômica. Ou seja, é ela que permitirá julgar, ao mesmo tempo, a credibilidade de um projeto terapêutico e a conveniência da relação entre seu custo e seu benefício. Diante do acoplamento do atributo de "ser científico" com a eficácia evidenciada empiricamente e com a viabilidade econômica, faz-se necessário proceder a uma discussão epistemológica. Em primeiro lugar, porque vemo-nos mergulhados em uma confusão, propagada muitas vezes por certa divulgação científica que se faz através dos meios de comunicação, entre o que é científico e o que funciona. Este discurso esvazia a discussão ética e não delimita adequadamente os campos da ciência e da técnica.

Em segundo lugar, falando da posição da psicanálise, a discussão epistemológica é relevante para que aquela não perca seus laços estritos com o campo da ciência, do qual deriva e ao qual se endereça tanto em uma leitura freudiana quanto lacaniana. Este risco decorre de que a reivindicação de evidências empíricas e econômicas, designadas como científicas, é algo que se faz invocando o legítimo espírito democrático no qual se busca avançar. Em nome do direito de todos, persegue-se o que sirva para todos. Como desdobramento de tal empreendimento, "persegue-se" os que não aderem aos padrões de evidência, aos procedimentos de avaliação que, com o progresso da "ciência", teríamos hoje à mão. O humanismo democrático desemboca na imposição de procedimentos avaliativos que podem excluir a dimensão de efetividade da experiência analítica.

Não avançaremos, no âmbito deste escrito, com uma discussão epistemológica que interrogue o referencial de cientificidade que, na atualidade, se impõe no terreno da clínica sob a égide da eficácia terapêutica. Buscaremos antes problematizá-lo desde o modo próprio como a psicanálise se insere no campo da clínica com Freud, o que será priorizado na discussão abaixo. Com relação ao que é próprio da psicanálise, destacamos: (1) o lugar atribuído à dimensão terapêutica ao longo da obra de Freud; (2) o estatuto atribuído àquilo que resiste no âmbito da dimensão terapêutica da psicanálise, ou seja, o estatuto do fracasso, do impasse, da dificuldade na clínica psicanalítica; (3) a decisão ética de consentir com o que não cede à eficácia do método psicoterapêutico, o que veio a configurar a experiência analítica propriamente dita. No que diz respeito a este último ponto, trabalharemos a partir de Freud, em torno ao próprio ato de fundação a que nos referimos, e de Lacan, na medida em que se voltou para o texto de Freud tendo por visada justamente a pergunta acerca do inédito, do irredutível da experiência que este inaugurou.

Psicanálise, terapêutica e eficácia

Segundo o que Freud relata em uma de suas conferências de 1932, a convocação à psicanálise de que ofereça evidências de sua eficácia terapêutica revela-se antiga: "em certa época, fazia-se contra a análise a queixa de que não podia ser tomada a sério, na qualidade de tratamento, de vez que não se atrevia a publicar estatísticas de seus êxitos" (Freud, 1933b/1990, p. 186). Recusando essa demonstração de sucesso terapêutico, Freud lança mão da singela evidência de que o analista, como outros terapeutas, também tem em seus escaninhos pilhas de cartas de pacientes agradecidos que foram curados. Não pensemos que Freud entra no jogo da eficácia terapêutica apenas lançando mão de uma evidência menos ortodoxa – as cartas de seus pacientes agradecidos. Até porque, adiante, ele pondera que os sucessos terapêuticos da psicanálise não constituem motivo nem de orgulho nem de vergonha. A aparente indiferença revelada por esta ponderação de Freud pode ser cotejada a partir de três caminhos que o próprio autor indica.

Em primeiro lugar, Freud considera que, neste terreno, as estatísticas são pouco instrutivas. Lida-se com material tão heterogêneo que apenas números muito elevados mostrariam algo. É interessante pensar o quanto a possibilidade da verificação dita científica da eficácia terapêutica efetivamente veio a depender da constituição de grupos homogêneos de pacientes, como, por exemplo, o que se tem a partir do DSM III na psiquiatria. Mais do que condenar os critérios estatísticos, Freud orienta a que sejam examinadas as experiências individuais. Quanto a estas, no entanto, não há uma reivindicação exclusiva para os casos bem-sucedidos. Freud menciona, no decorrer da conferência, inclusive os casos em que o fracasso se evidenciaria com a difamação da psicanálise ou do psicanalista pelo paciente egresso do tratamento.

Em outra direção, comenta também os casos dos pacientes cuja análise prossegue pela vida toda, o que do ponto de vista de critérios de eficácia também pareceria escandaloso. Para Freud, há que se considerar que "essas pessoas, não fosse dessa maneira, seriam, porém, totalmente incapazes de viver, e devemo-nos contentar com o fato de poderem manter-se sobrevivendo às suas próprias custas, por meio desse tratamento parcelado e recorrente" (Freud, 1933b/1990, p. 190). Tanto o paciente que acusa a psicanálise de o ter prejudicado quanto aquele que depende da psicanálise para viver, provavelmente pontos fora da curva que delimita estatisticamente os casos em que se verifica a eficácia terapêutica, comprovam pelo menos que a experiência da análise é efetiva.

Aí chegamos ao segundo ponto. Ainda em relação à afirmação de Freud de que os sucessos terapêuticos da psicanálise não são motivo nem de orgulho nem de vergonha, vale indicar que, neste tempo de sua obra, o autor indica claramente que a psicanálise, embora se verifique um método terapêutico, não se reduz a uma forma de terapia. Isto é evidente na medida em que, nesta conferência, ele introduz a discussão acima propondo dizer "algumas palavras a respeito da psicanálise como forma de terapia" (Freud, 1933b/1990, p. 185). A aparente indiferença de Freud liga-se, então, à convicção de que a discussão não abarca a psicanálise, no máximo seu valor terapêutico. Em texto de poucos anos antes, ele foi mais contundente ao debater, em suas palavras, "a aplicação da análise ao tratamento de pacientes" (Freud, 1926/1990, p. 288). Ali, Freud expressou sua precaução quanto a submeter a psicanálise às regras formuladas para os métodos terapêuticos, dizendo querer "sentir-se seguro de que a terapia não destruirá a ciência" (Freud, 1926/1990, p. 288), a sua ciência bem entendido, a psicanálise.

Finalmente, no que diz respeito à psicanálise não reduzida à dimensão da terapêutica, cabe interrogar que sentido ganha o próprio fracasso terapêutico, ou ainda as dificuldades e as limitações da aplicação da psicanálise em termos de uma finalidade terapêutica. Ainda na discussão da conferência, Freud afirma que, tomada como método terapêutico, a psicanálise teria, como qualquer outro, seus triunfos, suas derrotas, suas dificuldades, suas limitações e suas indicações. A diferença, queremos pontuar, está em algo com relação a que Freud nos orienta desde o início de sua clínica; não necessariamente em termos de seus enunciados, mas principalmente por sua posição neste campo. Designaremos este elemento orientador para a clínica da psicanálise como sendo o estatuto que nela tem a dificuldade, estatuto da dificuldade delimitado por Freud. Poderia ser o estatuto do fracasso ou do impasse, mas fiquemos com o termo dificuldade por ser aquele em que Freud centrou o que talvez tenha sido a primeira discussão mais sistemática da questão, em A psicoterapia da histeria, última parte dos "Estudos sobre a histeria" (1893-1895/1990), publicados junto com Breuer.

Há um comentário do editor inglês da obra que se dirige ao ponto aqui visado. Ele afirma, em relação a este volume, que o que Freud "nos relata não é simplesmente a história da superação de uma série de obstáculos; é a história da descoberta de uma série de obstáculos a serem superados" (Strachey, em Freud, 1893-1985/1990, p. 23). Efetivamente, o texto de Freud é pontuado de referências a obstáculos que ele verificava se imporem ao método. Entendemos, no entanto, que, mais do que a consideração de tais obstáculos, o que coloca Freud na trilha de uma ruptura clínica e teórica é sua resposta não ter sido pautada pelo aprimoramento do método (para que o objeto ceda) e sim pelo ceder ao objeto. Ou seja, neste momento crucial, sua resposta não é técnica, mas ética. A passagem do método catártico à psicanálise, da posição de médico à de analista, não é uma necessidade técnica, mas uma decisão através da qual algo da ordem do desejo em Freud fundou uma posição ética no âmbito da clínica.

O autor enumera, portanto, neste escrito, dificuldades de seu procedimento terapêutico. No entanto, ao invés de estritamente colocar o método em questão, em nome do aprimoramento da sua eficácia, afirma que: "a razão exige que ressaltemos o fato de que esses obstáculos, embora inseparáveis de nosso método, não podem ser atribuídos unicamente a ele. Pelo contrário, está bastante claro que eles se baseiam nas condições predeterminantes das neuroses a serem curadas" (Freud, 1893-1895/1990, p. 262).

Freud não aponta, portanto, para o aprimoramento do método a fim de que as dificuldades sejam superadas. Quanto ao objeto inédito que a experiência de Freud no terreno da neurose desvela, não se trata de fazê-lo ceder ao método, mas antes cedermos ao que no objeto faz impasse ao método.

O autor entende, assim, que esse lugar do que não se conforma ao método não deve ser subtraído, na medida em que fala do que é constitutivo na neurose. Se quisermos avançar um pouco mais, afirma que o constitutivo na neurose é correlato a um certo ponto limite do saber com que se o aborda. Como diz Paul-Laurent Assoun, "o neurótico, muito mais que objeto de estudo, é portador de uma exigência simbólica estruturante do próprio saber clínico" (Assoun, 1996, p. 35). Freud não impõe ao neurótico, portanto, o saber consagrado. Ao contrário, toma o que ali está em jogo não como aquilo a que o saber será aplicado, mas como aquilo de que o saber derivará. Freud entende, por exemplo, que "um médico não pode atribuir-se a tarefa de alterar uma constituição como a histérica" (Freud, 1893-1895/1990, p. 259).

O que não se conformou ao método não definiu um não-lugar, próprio da histeria para seus contemporâneos, mas teve para Freud lugar de causa. Para além da questão de por que o desejo em Freud encontrou justamente o caminho que o levou até a histeria, vale mais destacar a posição inédita que esse encontro fundou. Diante dos obstáculos, que vimos o autor associar não à precariedade do método, mas ao constitutivo da histeria, a resposta não se define por um artifício técnico e sim por uma posição ética. Posição ética que entendemos ter possibilitado, consequentemente, a introdução do inconsciente. Ou seja, essa mudança de posição, que foi ao mesmo tempo uma invenção provida pelo desejo de Freud – não sem importância que tenha se produzido em resposta à histeria –, fez, de um mesmo golpe, com que o inconsciente passasse a existir. Afinal, como o próprio autor indica muito tempo depois, a existência do inconsciente só se verifica na efetivação da experiência analítica (Freud, 1937/1990).

Inconsciente, sujeito e direção de cura

O inconsciente de Freud, hipótese não verificável pelo saber no qual foi formado, é efeito do que o desejo fundou em termos éticos. Nos termos conhecidos em que Lacan enuncia, o inconsciente freudiano, frágil em seu estatuto no plano ôntico, é ético (Lacan, 1964/1985). O psicanalista francês ressalta, ainda, que "o importante não é que o inconsciente determina a neurose" (Lacan, 1964/1985, p. 27). Quanto a isso, diz já ter feito Freud o gesto pilático de lavar as mãos: "mais dia menos dia, vão achar talvez alguma coisa, determinantes humorais, pouco importa – para ele dá na mesma" (Lacan, 1964/1985, p. 27). O fundamental é que, através do inconsciente, a neurose se conforma ao real da clínica. Real que se apresentou sob a forma dos obstáculos ao método e que só se sustentou na medida em que a posição de Freud articulou ali a função de um sujeito. Podemos dizer então, com Miller, que "a primeira incidência clínica da ética da psicanálise é o próprio sujeito" (Miller, 1997, p. 235).

Uma das principais dificuldades que Freud elenca em "A psicoterapia da histeria" diz respeito ao artifício da hipnose: "[...] em minhas tentativas de aplicar mais amplamente o método de Breuer, deparei com a dificuldade de que muitos pacientes não eram hipnotizáveis, embora seu diagnóstico fosse de histeria e parecesse provável que o mecanismo psíquico por nós descrito atuasse neles" (Freud, 1893-1895/1990, p. 263).

Se o método com que ele propunha tratar os pacientes com diagnóstico de histeria dependia da ação da hipnose, e se pacientes com tal diagnóstico não eram hipnotizáveis, Freud parecia estar diante de uma dificuldade técnica. No entanto, a primeira pergunta que faz o autor não é como superar esta dificuldade técnica, mas sim a interrogação acerca da causa de uma pessoa ser hipnotizada e outra não. Quanto a esta, sabemos que sua resposta postula uma objeção psíquica à hipnose que poderia ser consciente ou não.

O abandono da hipnose se assenta, nestes termos, não em um problema técnico, mas na consideração daquilo que resiste, o que é indissociável de uma concepção de cura que excede a dimensão do tratamento das manifestações da histeria. A noção de sujeito que situamos na experiência e na obra freudiana deve-se à incidência desta posição ética e, consequentemente, é dependente de uma nova direção para a cura que sustentamos já se delinear em 1895.

O único sujeito com que a psicanálise pode operar é este que advém como incidência ética da experiência freudiana. Sujeito fundado, então, em uma direção de cura que toma a dificuldade como não eliminável, tendo por visada justamente aquilo que resiste à aplicação do método psicoterapêutico. Como associar esta afirmação ao interesse de Freud em se aprofundar na questão que ele articula desde então: "De que meios dispomos para superar essa resistência contínua?" (Freud, 1893-1895/1990, p. 275). Decifrar os fundamentos inconscientes da resistência objetivaria, então, apenas sua superação de um modo mais eficaz? O inconsciente estaria sendo incluído apenas para dominarmos melhor esta resistência que obstaculiza o tratamento? Examinemos de perto como o problema é encaminhado pelo autor.

Freud indica que o trabalho tem de ir além de descobrir e revelar os motivos da resistência. Mais do que ter consciência desses motivos, o desafio está em despojá-los de seu valor, substituí-los por outros. Neste ponto, a pergunta recebe de Freud a seguinte resposta: "é aqui, sem dúvida, que deixa de ser possível enunciar a atividade psicoterapêutica em fórmulas" (Freud, 1893-1895/1990, p. 275). Portanto, tomar a dificuldade, enquanto resistência, não como um problema técnico, mas em termos de parâmetro ético para a direção de cura terá como efeito abrigar o que não é formulável. Sublinhe-se que Freud acrescenta um "sem dúvida" a sua afirmação. Em 1895 ainda era cedo para que esta certeza pudesse advir de uma dedução. Trata-se, então, de uma antecipação que nos faz pensar que Freud toca aqui no mais próprio da experiência que fundava. É no terreno do que não é possível de enunciar em fórmulas que o sujeito incide na psicanálise.

Não há uma fórmula, então, para o trabalho de superar as resistências do paciente. Logo em seguida no texto de Freud, no entanto, somos surpreendidos pela superposição de uma série de modelos usuais:

> Trabalha-se com o melhor da própria capacidade, como elucidador (ali onde a ignorância deu origem ao medo), como professor, como representante de uma visão mais livre ou superior do mundo, como um padre confessor que ministra a absolvição, por assim dizer, pela permanência de sua compreensão e de seu respeito depois de feita a confissão (Freud, 1893-1895/1990, p. 275).

São modelos familiares, mas que, superpostos, não traduzem, nenhum por si mesmo, o que seja este trabalho. E, o mais importante, indicam que Freud não busca outro modelo, nem mesmo um que fosse a síntese desses modelos. O trabalho do analista, até então não nomeado, não inclui o modelo. Implica mais a inclusão de um furo em cada um desses modelos e nos outros que possam vir a se propor neste lugar. Lugar a não todo ser dito, sustentando o registro do impossível ao qual tal ofício se dirige, como Freud nos disse mais tarde em "Análise terminável e interminável" (Freud, 1937/1990).

A direção de cura na psicanálise, o trabalho do psicanalista, o lugar do sujeito nesta experiência reportam-se, portanto, a certo ponto limite em relação a que os saberes nada mais têm a formular; correlato, por sua vez, à dimensão radical do campo do inconsciente tal como encaminhado por Freud. Quando a psicanálise foi interpelada a se beneficiar de um saber, o saber a ser adquirido em uma formação médica, foi o psicanalista Freud quem, em "A questão da análise leiga" (Freud, 1926/1990), para defender esta última, questionou os benefícios deste saber. Para ele, como se verifica, não é pela acumulação do saber, médico ou outro, que o analista se habilita. O que nos interessa no argumento de Freud, no entanto, é o modo como ele denuncia que a inocente e bem intencionada oferta de um saber que pudesse enriquecer a prática do analista é motivada pela aspiração a controlar os desdobramentos da experiência analítica. Colocar um saber como requisito para a prática da psicanálise é colocar a psicanálise sob suspeita.

Seguindo a discussão que Freud empreendeu em torno da questão da análise leiga, ele pontua que a exigência do saber médico é requisitada em razão de a psicanálise ser tomada como um método terapêutico. O interesse de Freud está, por sua vez, no que podem vir a ser os efeitos da psicanálise com a persistência em fazer seu sujeito operar; o que requer da experiência analítica não estar tutelada por determinado saber nem previamente comprometida com a terapêutica.

Se, com Freud, esta opção se definia pela presença do que Lacan traduz em um "não-desejo de curar" (Lacan, 1959-1960/1991, p. 267), podemos atualizá-lo em um não-desejo de ser eficaz. Não-desejo de ser eficaz em termos evidenciáveis para o outro da ciência empírica, estatística, com finalidade econômica. Isto baliza uma ética. Ética que, se inclui o impossível, o incurável, inclui então o que impede que demonstremos a eficácia pela quantificação e pela avaliação. Mais do que uma resistência, trata-se da aposta da psicanálise nos efeitos de incluir em sua experiência algo que não é passível de ser reconduzido à norma.

Nestes termos, o não-desejo de ser eficaz é solidário à aposta na efetividade da experiência analítica. Uma ética que abriga a ineficácia é articulável à máxima lacaniana segundo a qual a experiência analítica deve se orientar – não ceder de seu desejo –, já que o desejo aí designa precisamente o não normativo, a reivindicação de uma saída não generalizável, nem sequer duplicável. Em consequência, a sustentação ética da psicanálise implica a dimensão da ineficácia. Talvez fosse mais correto falar em uma "a--eficácia", já que não se aplicam as categorias do quantificável, do avaliável, do custo-benefício.

Se isso nos afasta do debate sobre a eficácia terapêutica, entendemos, contudo, interessar ao psicanalista buscar algumas precisões no que concerne à incidência deste discurso. Por exemplo, qual é a norma para medir a eficácia?

Psicanálise, terapêutica e ética

A psicanálise sustenta que, tradicionalmente, a norma relativa ao modo correto de se gozar se apresenta vinculada ao Pai, via privilegiada de gestão do excesso. Se nos manuais de psiquiatria, no entanto, não encontramos mais doenças, ou seja, modos errados de gozar, mas agrupamentos em torno de certos modos particulares de gozar, que norma pode operar? Talvez possamos estabelecer provisoriamente que, neste terreno, as normas dizem respeito a gestões do excesso que seriam validadas internamente às diferentes categorias que circunscrevem distintos modos de gozo.

O excesso é entendido, então, como excesso no âmbito de um modo de gozo particular: determinado modo de gozo em excesso não faz bem e deve ser terapeutizado. Reporta-se o excesso, assim, à uniformidade de determinado modo de gozo, em cujo âmbito a eficácia terapêutica seria avaliada em relação ao sucesso no tratamento de tal excesso. Sucesso que poderíamos dizer resultar, a grosso modo, de uma moderação deste gozo excessivo. Desta forma, se a nosologia psiquiátrica experimentou uma modificação importante, o modo como se orienta a terapêutica nela baseada manteve-se arraigado à tradição. À tradição do pensamento ético, visto que em seu pilar aristotélico a moderação é a via para alcançar o bem.

Trata-se em Aristóteles da função da virtude, que, ao ser obtida pelo evitamento de todo excesso, permite escolher razoavelmente com o que se realizar em seu próprio bem. Esta síntese é de Lacan (Lacan, 1959-1960/1990, p. 351), que dela lança mão para afirmar que não há nada parecido na psicanálise. Mais do que isso, observa que um exame atento pode mostrar o quanto a medida tomada por essa via mediana assenta-se sempre na ordem do poder, de um poder humano (Lacan, 1959-1960/1990, p. 377). Duas questões se entrelaçam então: a reivindicação da psicanálise de prospectar esta dimensão do gozo para além da barreira que o bem erige e a interrogação acerca da dimensão política que o serviço dos bens mascara.

Com relação à primeira questão, é no limite da trama do desejo que Lacan descortina, em seu seminário, um horizonte de gozo. Se o desejo constava como primordialmente articulado à falta, por conta da referência primeira à fala e à linguagem que impulsionou a obra lacaniana, o *das Ding* freudiano é explorado, no seminário dedicado à ética da psicanálise, para "fazer a prova de que alguma coisa, afinal, encontra-se justamente aí" (Lacan, 1959-1960/1990, p. 69). O encaminhamento da questão ética por Lacan, ao avesso do que a tradição sumariza, faz-se "no sentido de um aprofundamento da noção de real" (Lacan, 1959-1960/1990, p. 21).

O desejo é, portanto, o eixo da orientação ética que propõe dever ser a da psicanálise, na medida em que esta se distingue por incluir em sua experiência uma dimensão de gozo, de excesso que não se reduz à categorização. Desejo que o autor indica ser justamente o que é amputado no ordenamento do serviço dos bens. Já em seu tempo, Lacan indica que essa amputação, esse sacrifício está implicado pelo "movimento no qual o mundo em que vivemos é arrastado promovendo até suas últimas consequências o ordenamento universal do serviço dos bens" (Lacan, 1959-1960/1990, p. 364). Por consequência, "um repúdio radical de um certo ideal do bem é necessário para chegar apenas a apreender em que via se desenvolve nossa experiência" (Lacan, 1959-1960/1990, p. 280).

Ainda com relação à perspectiva segundo a qual a terapêutica se volta para o excesso reportando-o a determinados modos de gozo, a psicanálise se distingue por tomar o excesso de gozo como o informe; ou seja, aquilo que não se inclui no particular da categoria, logo, o não-terapeutizável. Diferente da perspectiva que concede a todos a possibilidade de categorizarem seu excesso em um modo de gozo dentre os repertoriados, o singular na psicanálise aponta para a loucura de cada um. Nesta via, ratifica-se a psicanálise estar fadada a não ser abrangida pelo terapêutico e pelo imperativo de uma eficácia evidenciável.

Ao examinar a dimensão ética do advento da psicanálise com Freud, Lacan denuncia que:

> a partir da sondagem, do *flash* que a experiência freudiana lançou sobre as origens paradoxais do desejo, sobre o caráter de perversão polimorfa de suas formas infantis, uma propensão geral levou os psicanalistas a reduzir essas origens paradoxais para mostrar sua convergência em direção a um fim de harmonia (Lacan, 1959-1960/1990, p. 13).

Em uma direção distinta à da domação do gozo perverso, para a qual se dirigiriam os psicanalistas pós-freudianos, Lacan sustenta a aresta incontornável que figura na base da articulação da pulsão e do desejo na obra de Freud, refratária a qualquer meta harmonizadora. Daí sua denúncia permanente de uma orientação conjugável ao serviço dos bens em ideais compartilhados por grande número dos psicanalistas que se seguiram a Freud; como, por exemplo, a maturação genital da relação de objeto e a adequação à realidade. Ideais não distintos daqueles em que se engaja o campo da terapêutica também em nossos dias.

Para subscrever tais promessas, o psicanalista precisa esquecer, segundo Lacan, o dilaceramento e a ausência de autonomia que, no sentido em que Freud encaminhou, marcam a condição humana no campo moral (Lacan, 1959-1960/1990, p. 363). Esquecimento que recai sobre a doutrina e a prática psicanalíticas. A dimensão radical do inconsciente a que nos referimos acima é aquela que coloca no horizonte o para-além que aí articulamos; para além de um saber que alguns até reivindicam, em nome da psicanálise, resultar em autoconhecimento, em maior autonomia do eu. Freud, no entanto, se por um lado associa o sintoma ao inconsciente, concebendo efetivamente um norte de decifração, por outro lado pontua, desde o início, estar o sintoma igualmente associado a uma satisfação sexual. E, verificando a persistência desta, vê-se obrigado a desdobrar, para além de um saber sobre o sexual, um gozo outro que se inscreve nos termos do que nomeia como pulsão de morte.

Se uma certa idealização da psicanálise, orientada para fins terapêuticos, propala a redução das antinomias que Freud articulou, é no texto de "O mal-estar na civilização" (1930 [1929]/1990), segundo Lacan (Lacan, 1959-1960/1990, p. 363), que aquele mostra a que pode levar esse esforço. Lacan volta-se para o modo como Freud se ocupa, nesta obra, do mandamento que se enuncia como o amor ao próximo. De modo hiperbólico, sustenta que o texto freudiano ocupa-se, do início ao fim, das articulações de tal mandamento, o qual o abisma em suas consequências. Lacan convida-nos a restituir a vertigem que o encaminhamento freudiano comporta. Pois, para ele, o mandamento de amar ao próximo se funda em o gozo comportar o mal do próximo. Neste veio identificado por Freud, o sentido do amor ao próximo, que dá a Lacan o que ele designa como uma direção verdadeira, assim se escreve: "o que quero é o bem dos outros, contanto que permaneça à imagem do meu" (Lacan, 1959-1960/1990, p. 229). Querer o bem do outro é, portanto, não querer saber de um gozo que nele tem um modo próprio; gozo destrutivo, freudianamente dizendo, por não promover a civilização.

Este modo próprio de gozo que eu temo e me esforço por desconhecer no outro, não pode estar nisso assentada a ação terapêutica? A terapêutica não pode se ver reduzida a uma operação de defesa que entrava o acesso a essa dimensão do gozo? Não é nesta dimensão do gozo que se situaria o que não cede aos protocolos eficazes? Pois bem, isto que se faz por amor ao próximo, pelo bem do outro, Lacan o apresenta como uma via cruel: quero o bem do outro à condição de aniquilá-lo, visto o bem fazer barreira ao desejo no sentido do não querer saber daquilo que habita seu horizonte.

Não por acaso, de Freud a Lacan preconiza-se o recuo diante do "Amarás teu próximo como a ti mesmo".

Sem abandonar a visada ética, cabe ainda elucidar que a dimensão econômica, do custo-benefício, da eficácia, requer a possibilidade de contrabalançarem-se os "prazeres". Isto fica claro no comentário de Lacan (Lacan, 1959-1960/1990, p. 230) a um famoso exemplo kantiano. Nele são contrapostas duas histórias: em uma delas, o personagem está colocado na posição de ser executado no final caso queira passar uma noite com a dama que deseja; na outra, a pena capital é a alternativa de prestar falso testemunho, por solicitação de um déspota, contra alguém que por isso perderá a vida. Kant compara as duas histórias com o intuito de mostrar que, se na primeira todo homem de bom senso abre mão de passar a noite com a amada para não ser executado em seguida, na segunda pode-se conceber que haja relutância em prestar falso testemunho, aceitando-se talvez a pena de morte. Evidenciar-se-ia aí, somente no segundo caso, o imperativo categórico, já que "atentar aos bens, à vida, à honra de um outro, que se tornou regra universal aplicada, lançaria todo o universo do homem na desordem e no mal" (Lacan, 1959-1960/1990, p. 230). No primeiro caso, não se colocaria tal ameaça, tratando-se tão somente de contrabalançar o prazer da noite com a dama com a pena em que se incorreria.

Este primeiro caso é o que nos interessa aqui, justamente por nele Kant entender que, equacionando-se o prazer da noite ao lado da dama com a morte, a escolha seria óbvia. O que Lacan propõe é que tal obviedade se desfaz se a noite com a dama for passada da rubrica prazer para a rubrica gozo. Neste caso, o exemplo poderia ser contestado na medida em que o gozo inclui a morte. Mais do que isso, nestes termos a lei moral poderia servir, inclusive, de apoio ao gozo. O atrativo da noite com a dama poderia repousar no risco de morte a ela associado. Como no exemplo de Kant, esta é a dimensão que propomos ser forçosamente desconsiderada quando se está sob a égide da eficácia. Ao passo que a direção ética da experiência analítica, ao contrário, reivindica que "isso" se inclua.

Trata-se do que, na psicanálise, permite tomar o gozo como um mal. Evidência, que surge na obra de Freud e captura Lacan, de que, estruturalmente, o sujeito pode não querer o seu próprio bem. A terapêutica se dirige ao sujeito que não quer o seu próprio bem em sentido oposto a este. Aquele que não quer o seu próprio bem deve ser terapeutizado, visto ser isto tratado como acidental quando tomado sobre um pano de fundo em que é pressuposto que se queira o próprio bem. Ao modo do exemplo acima, entende-se que se é autônomo para escolher, dirigindo-se a terapêutica aos casos em que se verifica não prevalecer a boa escolha. Não deixa de estar subjacente, portanto, a pergunta acerca da boa escolha. E a dimensão do excesso, como dissemos acima, figura como o que obstaculiza esta escolha, a qual não deixa de estar ligada ao serviço dos bens.

O que Lacan afirma ser a novidade da psicanálise, com Freud, é que não há Bem Supremo, o que aporta algo inédito, no âmbito da experiência analítica, no que se refere à dimensão ética. Isto é efeito e condição de que, na experiência da análise, possa incluir-se um elemento não passível de ser articulado em uma visada moral, um elemento que não cede ao mandamento. Que não cede ao mandamento não importando ser este vivido como algo familiar ou estranho, moral ou obsceno, no meu interesse ou no do outro, em sintonia ou em discordância com o eu. Daí o fascínio de Lacan pela frase de Freud: *Wo es war, soll Ich werden*, direção que inclui este ponto indeterminado, não abjudicável. Daí também o reparo de Lacan quanto à tradução usual deste imperativo freudiano – "onde estava o id, ali estará o ego" (Freud, 1933a/1990, p. 102), na edição brasileira mais difundida –, a qual sugere ser a integração ao dito ego um bem. Na versão lacaniana, excluindo os artigos definidos que a tradução insere, tratar-se-ia de um eu, de um lugar de sujeito que deve advir onde isso, algo indeterminado, comparece; e só comparece na medida em que, como disse o autor, a experiência analítica ultrapassa certo ideal do bem.

Concluiremos interrogando se a orquestração de um consenso em torno do que ocuparia o lugar de Bem Supremo no campo da terapêutica, por exemplo a noção de saúde mental, não restringe o debate para a psicanálise. Se receamos o estabelecimento de um consenso, isso se deve à constatação de que este campo apresenta-se mais do que nunca como área de interesse do Estado, os ideais comuns e os requisitos de ordem econômica figurando em primeiro plano. O debate no campo *psi* é esvaziado na medida em que a terapêutica preconiza atender os interesses do Estado. Suas benesses, como subsídios e financiamentos, são condicionadas à demonstração da eficácia dita científica mas também econômica do tratamento. Não se trata apenas da psicanálise, mas da diluição do próprio campo psicoterapêutico como tradicionalmente configurado. A própria saúde mental, que outrora nomeava uma posição de interlocução neste debate, sendo apropriada como um termo universal anódino, vê sua complexidade diluir-se, servindo de álibi para a implantação de uma orientação única no campo da clínica.

Referências

Assoun, P.-L. (1996). *Metapsicologia freudiana: uma introdução.* Rio de Janeiro: Jorge Zahar, 1996.

Freud, S. (1893-1895/1990). Estudos sobre a histeria. *Obras completas, ESB*, v. II. Rio de Janeiro: Imago.

Freud, S. (1926/1990). A questão da análise leiga: conversações com uma pessoa imparcial. *Obras completas, ESB*, v. XX. Rio de Janeiro: Imago.

Freud, S. (1930/1990). O mal-estar na civilização. *Obras completas, ESB*, v. XXI. Rio de Janeiro: Imago.

Freud, S. (1993a/1990). Novas conferências introdutórias sobre psicanálise – Conferência XXXI, A dissecção da personalidade psíquica. *Obras completas, ESB*, v. XXII. Rio de Janeiro: Imago.

Freud, S. (1993b/1990). Novas conferências introdutórias sobre psicanálise – Conferência XXXIV, Explicações, aplicações e orientações. *Obras completas, ESB*, v. XXII. Rio de Janeiro: Imago.

Freud, S. (1937/1990). Análise terminável e interminável. *Obras completas, ESB*, v. XXIII. Rio de Janeiro: Imago.

Lacan, J. (1964/1985). *O seminário, livro 11: os quatro conceitos fundamentais da psicanálise.* Rio de Janeiro: Jorge Zahar.

Lacan, J. (1959-1960/1991). *O seminário, livro 7: a ética da psicanálise.* Rio de Janeiro: Jorge Zahar.

Miller, J. A. (1997). *Lacan elucidado: palestras no Brasil.* Rio de Janeiro: Jorge Zahar.

Nature publishing Group. (2009). Editorial: Psychology: a reality check. *Nature, 461*(7266), 847.

Entre a reação catastrófica e a fúria narcísica: aspectos da dinâmica psíquica de pacientes com lesão cerebral

Flávia Sollero-de-Campos* & Monah Winograd**

O traumatismo cranioencefálico (TCE) tem sido uma constante no mundo atual, cada vez mais industrializado, motorizado e socialmente desigual. Embora os dados epidemiológicos sejam incompletos, uma vez que não há informações que abranjam todos os pacientes traumatizados (Koizume, Lebrao, Mello-Jorge & Primerano, 2000), os números estatísticos disponíveis são, no mínimo, desanimadores: 10 milhões de casos anuais somente nos EUA, dos quais 20% são sérios o bastante para causar lesão cerebral. Além disso, aproximadamente 1,6 milhões de pessoas em todo o mundo são atendidas por ano em hospitais de emergência, vítimas de TCE (American College of Surgeons, 2004). No município de São Paulo, por exemplo, em 1997, 12% pacientes de um hospital de emergência tinham TCE como diagnóstico principal (Koizume *et al.*, 2000). Estima-se que o TCE constitua a principal causa de sequelas (e de óbitos) em pacientes po-

* Professora na Graduação e no Programa de Pós-Graduação em Psicologia da PUC-Rio. Psicanalista.

** Professora na Graduação e no Programa de Pós-Graduação em Psicologia da PUC-Rio. Psicanalista.

litraumatizados. Entre suas principais causas estão: acidentes automobilísticos (50%), quedas (21%), assaltos e agressões (12%), esportes e recreação (10%). No Brasil, anualmente, meio milhão de pessoas requerem hospitalização devido a traumatismos cranianos. Destas, 75 a 100 mil morrem no decorrer de horas enquanto outras 70 a 90 mil desenvolvem perda irreversível de alguma função neurológica.

Além das causas de TCE, também o gênero dos indivíduos acometidos varia nos diferentes grupos etários. Os homens predominam sobre as mulheres, e os jovens predominam sobre pacientes adultos e idosos (Fernandes, 2010). Entre as causas, nas crianças predominam os acidentes domésticos, os esportivos a as quedas. Nos adolescente e nos adultos, os acidentes de trânsito e as agressões. Nos idosos, predominam novamente as quedas e os acidentes domésticos (Pinheiro, De Almeida, Barbosa, Mesquita Melo, Borges Studart & De Figueiredo Carvalho, 2011). Quanto à idade, cerca de 30% das vítimas de TCE possuem até 20 anos de idade, correspondendo ao segundo grupo etário mais acometido por este tipo de trauma (Melo, Silva, Moreira & Duarte, 2004). Seu impacto na qualidade de vida dos indivíduos só é superado pelo acidente vascular cerebral (AVC).

A interrupção aguda do fluxo sanguíneo de alguma parte do cérebro determina o que se chama isquemia cerebral, a qual, se durar um período de tempo suficiente para provocar lesão no cérebro, leva ao acidente vascular cerebral (AVC). Atualmente, a doença vascular cerebral constitui a terceira causa de morte no Ocidente. Assim como no caso do TCE, mas por motivos diversos, isto se deve, em grande parte, às transformações sociais e às consequentes mudanças significativas do perfil epidemiológico das populações ditas desenvolvidas. Tendo iniciado no final do século XIX, tais transformações levaram à substituição rápida da morbidade e da mortalidade por causas infecciosas curáveis e preveníveis, em qualquer nível, pelas doenças crônicas não-transmissíveis.

O declínio da mortalidade pelas doenças cardiovasculares, particularmente as cerebrovasculares, começou pouco tempo depois, em quase todos os países, com exceção da Escócia, da Itália e do Japão, bem como do Leste Europeu e da China. No Brasil, mudanças sociais de toda natureza vêm ocorrendo rapidamente, desde meados do século XX, destacando-se o acelerado processo de envelhecimento populacional, com aumento da expectativa de vida em magnitude considerável. Este envelhecimento populacional levou à expressão das doenças crônico-degenerativas, fazendo do AVC a segunda causa de perdas cognitivas, sendo a primeira a doença de Alzheimer.

Além do TCE e do AVC, também um aneurisma ou um tumor podem causar lesões cerebrais graves, frequentemente levando ao coma. Em todo caso, somente após o momento de adoecimento agudo é possível avaliar os efeitos das lesões cerebrais em funções psíquicas tais como a cognição e a motricidade. As consequências cognitivas das lesões cerebrais podem atingir funções consideradas essenciais, causando perda da memória, da linguagem, desorientação espaço-temporal, problemas de motricidade, de sensação, da capacidade de tomar decisões, de estabelecer estratégias, de realizar ações quotidianas. Assim, aqueles pequenos hábitos aos quais não se costuma prestar atenção e que são uma espécie de garantia da continuidade de nossa inserção na vida em sociedade tornam-se muitas vezes impraticáveis. Além das sequelas cognitivas, podem surgir também transtornos do comportamento, com sintomas tais como impulsividade, agressividade, dificuldade de realização de tarefas. O conhecimento minucioso dessa realidade é fundamental para que o atendimento psicanalítico a pessoas portadoras de lesão cerebral possa se dar de maneira adequada. Saber dos limites e das possibilidades do sujeito, assim como também de sua família e dos que o rodeiam, favorece o acesso às suas vivências subjetivas e às suas fantasias.

Os transtornos cognitivos e neurológicos mais comuns são as parapraxias, os déficits sensoriais e perceptivos, a síndrome cerebelar, as amnésias, afasias, apraxias e a desorientação espaço-temporal. Já os transtornos de comportamento encontram-se predominantemente relacionados à síndrome frontal: lesões no lobo frontal podem levar à impulsividade, à instabilidade emocional, ao apragmatismo, à apatia, à intolerância, à frustração e a dificuldades de tomar decisões. Observando tais pacientes, o célebre neurologista Antonio Damásio (1994) impressionou-se com a dificuldade que apresentam de sentir emoção e de tomar decisões. Esta última não teria a ver com déficits cognitivos, mas estaria justamente relacionada à primeira, revelando uma relação profunda entre o intelecto e as emoções (Damásio, 1994).

Conhecer a influência de tais sequelas no trabalho de reinserção social e profissional do paciente, e na própria vida cotidiana, é crucial para que se possa dimensionar o caráter profundamente traumático desta experiência e o sofrimento psíquico envolvido. Limitações como não conseguir mais escrever, falar ao telefone ou ir e vir sem se perder revelam o nível de dependência no qual o sujeito se encontra e as consequentes pressões exercidas tanto sobre ele quanto sobre aqueles que o cercam, inclusive no que diz respeito à dinâmica inconsciente da família. Além disso, há a violência implicada no próprio adoecimento, nas perdas sofridas, no seu impacto sobre as relações intersubjetivas, além da própria violência social que frequentemente rejeita e exclui o portador de lesão cerebral. Assim, a clínica do portador de lesão cerebral (seja qual for sua etiologia) envolve aspectos neurológicos e cognitivos, mas também aspectos sensoriais, psíquicos, intersubjetivos e sociais.

A reação catastrófica

Em 1963, o neurologista alemão Kurt Goldstein (1963/2000) propôs o conceito de reação catastrófica a partir de suas extensas observações clínicas de soldados portadores de lesão cerebral durante a I Guerra Mundial. Ele já tinha realizado estudos sobre distúrbios da linguagem, mas a experiência como neurologista dos soldados feridos o fez desenvolver uma visão integrada do ser vivo e, em especial, do ser humano. Sob forte influência de Hughlings Jackson e do Gestaltismo, Goldstein percebeu que a compreensão dos efeitos de uma lesão cerebral envolvia necessariamente a abordagem do organismo como um todo, para além da lesão orgânica envolvida. Ou seja, todo fenômeno se daria a partir de e em um organismo visto como um todo integrado dentro de um contexto. Portanto, considerar isoladamente partes do organismo ou considerar o organismo isolado do ambiente impossibilitaria seu estudo, pois inviabilizaria a observação de suas unidade, integração e coerência.

Para definir tanto o estado normal quanto o adoecimento de um organismo, Goldstein propôs os conceitos de comportamento privilegiado e de reação catastrófica. O primeiro contempla aquelas reações que o organismo foi privilegiando por motivos variados no decorrer de sua história. Ou seja, frente às exigências da vida, o ser vivo escolhe aquelas reações que lhe propiciam mais estabilidade e organização, tanto do funcionamento fisiológico quanto do comportamento. Por sua vez, adoecer significa o rompimento dessas estabilidade e ordenação, constituindo "abalo e perigo para a existência" (Goldstein 1963/2000, p. 328). Segundo o neurologista, em si mesmas mudanças de estado não significam necessariamente doença. Contudo, quando o organismo sofre alguma modificação, modificam-se também suas relações com o meio, "portanto, muitas coisas que eram adequadas para o organismo normal não são mais adequadas para o organismo modificado" (Goldstein 1963/2000, p. 328). A doença surge quando, dadas as modificações envolvidas, o organismo não consegue mais manter sua adequação àquele meio que era o seu. É quando pode advir uma reação catastrófica que representa sempre um comportamento mais ou menos desordenado do organismo como um todo em um meio dado.

Goldstein (1963/2000) observou ainda que as sequelas das lesões cerebrais levavam os pacientes a reduzir o nível e o tipo de suas atividades e de seu ambiente, limitando-os de acordo com suas novas possibilidades (e impossibilidades). Como não conseguiam mais lidar com o ambiente que até então era parte integrante de sua existência, precisavam desesperadamente da proteção fornecida pelo apego à ordem, à rotina e à repetição. Tanto é que, quando apresentados a tarefas passíveis de resolução, os pacientes com lesão cerebral geralmente manifestam comportamento ordenado e organizado. Para Goldstein (1963/2000), a preocupação com a limpeza e a ordem são sintomas que resultam da deficiência e são relativos à tentativa do organismo de se reorganizar.

Assim, ao se dedicarem às tarefas quotidianas, os portadores de lesão cerebral evitam o surgimento de situações inesperadas e, por isso mesmo, ameaçadoras. Ao enfrentarem os danos cognitivo, motor e emocional, tentam compensá-los de modo a se adaptarem ao ambiente da melhor maneira possível. Caso contrário, entrariam numa situação de incerteza e de ansiedade características da reação catastrófica. Esta costuma ser evitada, como ressaltamos, através dos recursos à rotina, à cuidadosa ordenação dos hábitos e atos, isto é, àquilo com o que eles estão acostumados a lidar a partir dessa nova realidade que é necessário enfrentar.

Por outro lado, frente a problemas no desempenho de atos específicos, assim como também frente às perturbações mais generalizadas do comportamento, manifestam a reação catastrófica, sempre acompanhada de uma profunda ansiedade, característica bastante enfatizada por Goldstein (1963/2000). Segundo Goldstein (1952), quando em estado de ansiedade, o paciente não está realmente consciente da impossibilidade de resolver a tarefa que lhe foi proposta. Por causa de sua limitação, ele não consegue estabelecer uma relação com o objeto enquanto tal, isto é, não pode apreendê-lo de maneira a avaliar suas condições, inclusive o perigo da imprevisibilidade.

A reação catastrófica envolve a impossibilidade de reações ordenadas, impedindo que o sujeito "tenha" um objeto no mundo externo. Ou seja, o sujeito com lesão cerebral experimenta a impossibilidade de referenciar o mundo que o cerca sem dar-se conta da causa de tal experiência, o que torna o quadro ainda mais grave. Ele vivencia "um colapso ou dissolução do mundo e um estilhaçamento de si mesmo (*a shattering of his own self*)" (1963/2000, p. 232). O impacto causado pela percepção da dissolução de si, sem ter um objeto específico, constitui a experiência subjetiva da própria ansiedade. Portanto, a situação perigosa consiste na condição mesma de ter de lidar com tarefas acima de suas possibilidades. Trata-se de um confronto entre o sujeito e um ambiente que não é mais adequado a ele.

Como o portador de lesão cerebral busca sempre a manutenção do conhecido, do mesmo, ele tenta evitar o perigo da desestruturação psíquica e do seu comportamento. Profundamente marcado pelos trabalhos de Goldstein, sobretudo em suas formulações sobre o normal e o patológico, Canguilhem (1966/1990, p. 148) ensinava que "o doente não é anormal por ausência de norma e sim por incapacidade de ser normativo". Para Goldstein (1963/2000), por sua vez, ser sadio é ser capaz de se comportar de maneira ordenada, apesar de, muitas vezes, isso incluir as limitações impostas pela nova condição de vida. Porém ele ressalta que essa nova forma de vida não é igual à anterior: descortina-se, então, a sempre presente possibilidade de uma reação catastrófica.

Assim, se as novas constantes "garantem a nova ordem, alerta: não temos o direito de tentar modificar essas constantes, só criaríamos assim uma nova desordem" (Goldstein, 1963/2000, p. 333). Em contrapartida, Canguilhem (1966/1990) afirmava que a concepção proposta por Goldstein considera a doença como uma nova dimensão da vida e não mais como a dissolução da saúde. Também influenciado fortemente tanto por Goldstein quanto por A. Luria, o célebre neurologista Oliver Sacks (1997) pode ser considerado como o representante mais recente da visão da doença como uma nova forma de vida resultante de um trabalho psíquico intenso realizado pelos pacientes na tentativa de reinventarem a vida a partir das sequelas dos danos sofridos.

Goldstein (1963/2000) afirmava também que, frequentemente, a base para a reação catastrófica seria uma falha no raciocínio abstrato. Pacientes que não conseguem entender como lidar de maneira adequada e eficaz com uma situação podem ficar abalados emocionalmente. Como esses pacientes liberam sua tensão de maneira inadequada, tentando dar uma resposta o mais rápido possível, pois qualquer demora aumenta a tensão que vivem quando percebem que não são capazes de responder à situação, Goldstein acreditava que eles não sentiam o prazer gerado pela liberação da tensão. Além disso, quando se sentem confusos, os pacientes frequentemente dizem que sua mente (ou sua cabeça) fica vazia, "dá um branco" e, então, suas estratégias fracassam.

Um componente desse sentimento de confusão vem da experiência de que suas respostas estão erradas, porém eles não sabem como chegar à solução correta. Outro aspecto importante nesse contexto é que a confusão gera fadiga mental. O paciente se queixa de cansaço, começa a se confundir mais, percebe a alteração em seu estado e não consegue encontrar outra maneira de lidar com ela. Surge nesse momento a possibilidade de uma reação catastrófica a partir da frustração.

De modo consonante, Prigatano (1991) definiu a frustração como relativa a um estado subjetivo de desconforto associado a um bloqueio real ou antecipado das tentativas para atingir um objetivo ou para alcançar um estado de conforto. É fato que muitos pacientes sentem-se imensamente frustrados por não poderem mais dirigir um carro, andar sozinhos na rua e fazer compras ou voltar a trabalhar. Existe um impedimento real ao que eles, antes do AVC ou do TCE, conseguiam realizar. Frustrados por não se lembrarem de algo importante para eles, porque os outros lhes dizem agora o que fazer ou para onde ir, sentem-se frequentemente diminuídos e, não raro, apresentam uma reação catastrófica.

Além destes aspectos, também é comum aos portadores de lesões cerebrais apresentarem dificuldades relativas à linguagem – afasias, alexias, agrafias – em proporções variáveis, dificuldade que se acrescenta de maneira por vezes dramática ao quadro descrito acima. Como sabemos, a linguagem não é apenas uma espécie de recurso para comunicarmos nossas experiências, ela é também definidora dessas vivências para os falantes da cultura à qual pertencem. Ao falarmos, estamos também comunicando nossa maneira de ver o mundo, de pensar e de como nossas experiências de vida foram elaboradas e metabolizadas. Portanto, se, do ponto de vista da neuropsicologia, a escolha de palavras é uma atividade cognitiva das funções corticais, ela está integrada indissociavelmente aos centros cerebrais da emoção e da ação. E, para a psicanálise, a fala é crucial por permitir o acesso à transmissibilidade dos conteúdos psíquicos e à sua possibilidade de elaboração.

Importa sublinhar que as formulações de Goldstein (1952, 1963/2000) sobre a ansiedade, o estilhaçamento de si (do *self*) e a reação catastrófica foram realizadas a partir do lugar de neurologista clínico de orientação fenomenológica que observa as atitudes e os comportamentos do paciente, analisando cuidadosamente o significado do sintoma dentro de um estudo mais amplo de todos os aspectos do funcionamento daquele indivíduo. Ele considera que a observação da vida diária é fundamental para se avaliar com redobrada atenção a capacidade do paciente de resolver os problemas cotidianos em ambiente mais ou menos natural. Contudo, Goldstein (1963/2000) também discute longamente os pressupostos psicanalíticos de Freud, Férenczi e Alexander, não se restringindo ao conceito de ansiedade. Embora ele mantenha uma posição critica em relação à maioria dos conceitos freudianos, tais como os de inconsciente, princípio de prazer, pulsão de morte, ansiedade e desenvolvimento psicossexual, acreditamos que as formulações sobre a fúria narcísica realizadas por Heinz Kohut podem ser esclarecedoras relativamente à ideia de reação catastrófica.

A fúria narcísica

A noção descritiva de fúria narcísica ou furor narcísico elaborada pelo psicanalista austríaco radicado nos EUA, Heinz Kohut, refere-se a uma reação resultante da ferida narcísica, ou seja, ela seria para o narcisismo como o que é a agressividade para o desejo edipiano. Embora esta noção tenha adquirido o estatuto de conceito em 1971 a partir da análise das personalidades narcísicas, ela é aplicável a outros quadros, como veremos. A fúria narcísica compreende uma gama de fenômenos diversos, tais como a irritação ou raiva, o furor catatônico e até o rancor paranoico. Para Kohut (1971), ela estaria relacionada à perda de controle, assinalando a existência de obstáculos no contexto de experiências narcísicas arcaicas e teria como objetivo a reparação de um agravo ou de uma ferida narcísica que só se dissolveria após a reparação da vergonha e de seu testemunho pelo outro. Assim, para Kohut (1971), a destrutividade, mais do que ser uma pulsão primária, estaria fundamentalmente ligada a uma falha narcísica.

Dito se outro modo, a fúria narcísica seria a reação do *self* a um sentimento de desamparo e perda de integridade pessoal e uma exteriorização do sentimento de vergonha causado pela impossibilidade de sustentar as suas experiências com objetos do *self*, expressando "um desejo ilimitado de reparar a ferida e alcançar a vingança [...]" e "o desejo de tornar ativa uma experiência passiva" (Kohut, 1972/1984, p. 102). Kohut estabelece como exemplar dessa configuração psíquica exatamente a reação catastrófica descrita por Goldstein (1963/2000) como a raiva de alguém que, "por lesão cerebral ou deficiência, é incapaz de resolver determinados problemas simples" (Kohut, 1972/1984, p. 103). A raiva, por vezes incontrolável, deve-se à percepção da incapacidade, da impossibilidade de conter os próprios processos de pensamento como parte integrante do *self* ou, como no caso dos afásicos, à impossibilidade de pronunciar uma palavra ou de proferir uma frase, apesar de muitas vezes ter sua sensorialidade intacta.

Para Kohut (1972/1984), os processos de pensamento integram o núcleo do *self*, o que torna imensamente dolorosa a percepção da incapacidade de sua utilização. Como os processos de pensamento são invisíveis (diferentemente de um membro do corpo ou de modificações deste), eles são considerados como inseparáveis do *self*, de tal modo que "uma falha no território de nossas funções mentais é vivida como uma perda do próprio *self*" (Kohut, 1971, p. 103). Frente a essa experiência de humilhação e vergonha, a tendência do indivíduo é negar a perda de controle e sentir uma imensa raiva pela exposição "da falta de onipotência na área da própria mente" (Kohut, 1972/1984, p. 104), no território do seu *self* grandioso e onipotente. Esta fúria narcísica pode ser dirigida a quaisquer objetos externos que porventura sejam percebidos como causa da ferida narcísica infligida ou pode expressar-se sob a forma de comportamento autodestrutivo, tal como abuso de drogas ou tentativa de suicídio. De tal modo que a reação catastrófica do portador de lesão cerebral pode ser entendida como resposta a um ataque à integridade do *self* e ao sentimento de vergonha frente à falha incontornável de si.

O termo *selfobjeto* aponta para toda a experiência narcísica em que o outro está a serviço do *self* concebido como estrutura que explica a experiência de continuidade, coesão e bem-estar, fonte do sentimento narcísico. Desenvolvido em 1968 no âmbito das transferências narcísicas nas quais o analista cumpre a função de *selfobjeto* arcaico na patologia narcísica, a noção de *selfobjeto* ganhou consistência em 1971, através da reconceituação kohutiana do narcisismo (Kohut, 1971). Ao apresentar as diversas modalidades de transferências narcísicas, Kohut definiu os objetos do *self* como aqueles objetos fundamentais para o desenvolvimento do indivíduo: são os objetos que são postos a serviço do *self* visando a proteção de seus aspectos narcísicos. Inicialmente, são compostos pelas figuras parentais, as quais poderão ser encontradas em outras relações objetais. Além disso, segundo Kohut, o controle sobre os objetos do *self* está mais próximo daquele exercido pelo sujeito ("adulto", nas palavras do psicanalista) sobre seu próprio corpo, já que eles são considerados como parte integrante do *self*.

Em 1977, Kohut amplia o conceito, anteriormente restrito às personalidades narcísicas: os objetos do *self* passam agora a estar referidos também ao processo de estruturação psíquica desde a infância. Trocando em miúdos, um *self* firme e coesivo resultaria de um processo no qual seriam internalizadas várias funções *selfobjetais* tais como os objetos do *self* parentais da infância ou, no caso de um processo de análise, o próprio analista através da transferência. Cabe ressaltar que, para Kohut (1977), ao longo da vida, todos nós precisaríamos de objetos do *self*, de modo que o que poderia ser considerado como uma necessidade patológica ou não seriam os graus em que essa necessidade se expressa. Isto é, um *self* saudável não é aquele que não precisa de objetos do *self* e sim aquele que, exatamente nas situações difíceis, possa recorrer a eles. Ou seja, o *selfobjeto* é uma experiência intrapsíquica que revela a dimensão do outro para o sujeito. Ele será, portanto, arcaico ou maduro, anacrônico ou apropriado, sustentando um *self* vulnerável ou constituindo o meio adequado para um *self* saudável.

Em momentos de vulnerabilidade temporária, o sujeito será tanto mais saudável quanto mais for capaz de encontrar os *selfobjetos* de que precisa naquele momento. Vale lembrar que os *selfobjetos* não são necessariamente figuras humanas, podendo estar relacionados com uma música, uma atividade, uma habilidade qualquer do sujeito, uma produção cultural etc. Interessa também observar que Kohut (1977) diferencia os objetos do *self* (vivenciados como parte integrante do *self*) dos objetos ditos verdadeiros, externos ao *self* e independentes dele. Ou seja, o objeto seria uma representação ligada ao desejo e o *selfobjeto* seria antes uma função arcaica ou madura, de acordo com o caso: a perda do objeto envolve o luto, já a relação com o *selfobjeto* não se perde, mas se transforma.

Em *Reflexões acerca do narcisismo e da fúria narcísica* (Kohut, 1972/1984), dois aspectos chamam a atenção. O primeiro refere-se ao lugar dado à agressividade como resposta a uma ameaça ao narcisismo a partir de uma injúria narcísica real ou antecipada. De tal modo que até mesmo uma simples contrariedade pode deflagrar um ataque ao outro, pois este não é considerado como alguém independente e sim como uma continuidade do sujeito, um objeto do *self* idealizado cuja oposição é insuportável. Alem disso, Kohut (1971) afirma que os mais propensos a sentir a vergonha e a fúria narcísica são exatamente aqueles que necessitam sentir-se no controle sobre si e sobre o ambiente, na medida em que a manutenção da coesão de seu *self* depende de um objeto do *self* especular que os admire, confirme e aprove incondicionalmente ou de um *selfobjeto* idealizado com o qual possam se fusionar.

O outro aspecto diz respeito ao fato de que, dentro do desenvolvimento adequado dos aspectos narcísicos desde a infância, é fundamental a capacidade empática das figuras parentais para acompanharem e sustentarem as extensas transformações do *self* ao longo da trajetória de vida até a idade adulta. E os períodos de transição pelos quais todos passamos e que nos exigem uma modificação e até uma reconstrução do *self* terão a marca desses primeiros tempos do desenvolvimento e suas experiências arcaicas. Ou seja, a segurança, do ponto de vista narcísico, está calcada no período inicial de formação do *self*. Ao longo desta formação, as estruturas narcísicas arcaicas precisam ser transformadas para que a grandiosidade e o exibicionismo também arcaicos possam se tornar autoestima realista.

Kohut (1972/1984, p. 108) assinala que a vergonha do adulto frente a uma parte defeituosa de seu corpo (ou assim avaliada pelo indivíduo) se deve "à pressão da libido exibicionista arcaica não transformada, com que o órgão defeituoso ficou catexizado". A fúria narcísica, com seu potencial agressivo, surge da matriz do narcisismo arcaico, ligado ao *self* grandioso e ao objeto onipotente arcaico, desenvolvidos a partir de uma percepção inicial narcísica da realidade. Cabe também ressaltar que, para Kohut (1971), não se pode confundir a agressão madura, sob o controle do ego, com a fúria narcísica que torna o ego escravo dos impulsos. O trabalho analítico sobre a matriz narcísica original permitiria a transformação da fúria narcísica de tal forma que a grandiosidade, a onipotência e o exibicionismo primevos possam se tornar gradualmente, pela capacidade empática do analista, em autoestima adequada e "motivação por ideais significativos" (Kohut, 1977, p. 192).

A fragmentação do *self*

Outro conceito de Heinz Kohut pertinente às nossas reflexões é o de fragmentação do *self*, entendido como regressão de um estado de coesão interna e de bem-estar para um sentimento de vazio, desamparo e depressão. Esta noção foi apresentada por Kohut em 1968, mais uma vez relacionada às neuroses narcísicas. Para o autor, a fragmentação do *self* deflagraria uma angústia de desintegração que seria como a contrapartida da angústia de castração e envolveria a intensificação das pulsões, por sua vez redefinidas como produtos da desintegração do *self* a serviço de sua restauração.

A reação catastrófica descrita por Goldstein (1963/2000) poderia assim ser também considerada como uma forma de fragmentação do *self*, na medida em que o sujeito, ao se perceber com funções cerebrais e mentais ineficientes e capacidades funcionais reduzidas, percebe e reage ao mesmo tempo ao dano causado por essa condição à integridade do seu *self*. Vale relembrar que Kurt Goldstein era muito sensível a tal vulnerabilidade e afirmava que qualquer tarefa poderia colocar o paciente naquela situação, "pois a autorrealização do paciente é [...] facilmente colocada em perigo" (1963/2000, p. 256). Kohut (1972/1984) observou que os adultos comumente reagem com sentimentos de vergonha, constrangimento e raiva às feridas narcísicas, porém tais manifestações tornam-se mais flagrantes e até mais violentas em adultos "narcisicamente fixados" (Kohut, 1972/1984, p. 106). O psicanalista observou também que aqueles que vivenciam a fúria narcísica mostram falta de empatia com quem os ofendeu – o que explica a intransigência e a "fúria implacável" que os acomete.

Porém é muito importante observar que o autor estabelece uma diferença entre os transtornos narcísicos primários e os transtornos secundários do *self*. Nos primeiros, trata-se de pessoas nas quais o *self* não atingiu um estado de coesão interna, devido primordialmente a falhas empáticas das figuras parentais. Já nos transtornos secundários do *self* estão incluídas "as reações agudas e crônicas de um *self* consolidado e estabelecido firmemente, diante das vicissitudes da vida, seja na infância, na adolescência, maturidade ou senectude" (Kohut, 1977, p. 137). Nestes estão incluídas as neuroses clássicas. As reações do *self* às restrições impostas pelos sintomas e inibições das neuroses clássicas e também dos transtornos primários do *self*, bastante graves, são várias, indo da fúria e dependência à esperança. Mas é da condição humana ter esses sentimentos frente à vida.

Um *self* coeso pode suportar oscilações na autoestima e enfrentar situações de grande êxito ou fracasso sem se desorganizar, vivenciando as emoções a elas ligadas: alegria, raiva, medo, tristeza, desespero. Porém, quando o *self* não é tão coeso e firme perante os diversos acontecimentos da vida, desde adoecimentos, acidentes, aos sofrimentos impostos pela neurose, pode ocorrer uma perda da estabilidade emocional. Podem, então, surgir perturbações narcísicas até então ocultas, mas que não configuram necessariamente o aparecimento de algum transtorno primário do *self*, uma vez que a "vulnerabilidade narcísica é um fardo da condição humana, do qual ninguém está isento" (Kohut, 1977, p. 292).

No que diz respeito ao tema deste capítulo, convém sublinhar que toda lesão cerebral e suas sequelas psíquicas são de difícil manejo e elaboração, mas alguns indivíduos parecem ter grande incapacidade de lidar com isto, o que dificulta a tarefa da equipe de saúde de ajudá-los a gradualmente aceitarem suas limitações, lutarem por sua recuperação máxima e, ao mesmo tempo, construírem metas realistas para seu futuro. Alguns sujeitos, mais do que outros, não suportam o confronto com suas incapacidades: mesmo decorridos vários anos, parecem incapazes de dar-se conta de sua situação real e de lidar com ela. Segundo a abordagem de Kohut, a lesão cerebral seria uma forma de injúria narcísica de tal modo que, para alguns sujeitos, ela se superporia a estruturas narcísicas patológicas, o que dificultaria a tolerância às frustrações e o manejo das consequentes injúrias narcísicas.

Evidentemente, a tomada de consciência da diminuição muitas vezes brutal das capacidades é extremamente dolorosa, mesmo traumática. Aqueles que já tinham um *self* coeso teriam recursos psíquicos para eventualmente aceitar os déficits e aprender a lidar com eles. Outros, que anteriormente não teriam tido a oportunidade de desenvolver tal coesão do *self*, podem viver a experiência de reativação do que Kohut denomina de *self* grandioso. Essa experiência pode ser definida como uma regressão a um período do desenvolvimento que seria dominado pelo desejo de perfeição. No tratamento, e no próprio processo de recuperação, tais pacientes podem mostrar-se menos capazes de aceitar suas limitações e, portanto, resistirem a construir estratégias compensatórias. Nesses momentos, frequentemente apresentam reações catastróficas cujos indicadores são: ansiedade, agitação, hostilidade, evasividade, podendo chegar à agressividade.

Vinhetas clínicas

Uma reação catastrófica clássica

H. tem 70 anos e sofreu um AVC isquêmico há 10 anos. Passou por vários tratamentos, mas a grave afasia permanece: impossibilidade de leitura e escrita (alexia e agrafia). Fisicamente, H. não apresenta nenhuma sequela e goza de boa saúde. Como resultado da afasia, não foi submetido a avaliação neuropsicológica. Em atendimento psicanalítico no âmbito de nossa pesquisa, manifestou algumas vezes comportamentos impulsivos face a situações para as quais não conseguia dar uma resposta adequada. Como tinha plena consciência de suas limitações, tornava-se praticamente intolerável à percepção de um erro ou de uma incapacidade. Numa ocasião, frente às extensas reclamações da esposa quanto à sua rispidez, levantou-se tão subitamente que derrubou a cadeira, saiu porta afora da clínica, não retornando mais naquele dia.

Analisando a situação, é nítido que a esposa, ao mencionar as "falhas" dele, o deixou bastante irritado por dois motivos: primeiro, por ter seus defeitos e insuficiências expostos e, segundo, por sua imensa dificuldade em entender a fala prolixa da esposa. Esta observou, depois do incidente, que a psicanalista se comunicava com ele usando frases mais simples e curtas. E, mesmo assim, várias vezes ele não compreendia, ou melhor, não captava o sentido de suas frases. Em outras situações, logo no início do atendimento, teve várias vezes reações expressas em tom de voz sarcástico e amargo quando se ponderava sua eventual intolerância e o consequente afastamento que gerava no relacionamento com os parentes próximos. Era difícil questionar suas prioridades e praticamente impossível que ele aceitasse experimentar as propostas de estratégias compensatórias.

Neste caso, estavam presentes as duas situações acopladas: a reação catastrófica e a fúria narcísica, o que dificultava tanto sua adaptação no setor de neurologia do hospital onde se tratava quanto o atendimento psicanalítico.

Reação de fechamento hostil

U. tinha 17 anos quando sofreu grave TCE causado por uma queda de cavalo. Ele morava numa área rural e demorou a ser acudido, tendo ficado 15 dias em coma. Saiu do coma levemente afásico e com várias dificuldades cognitivas. Após 8 meses de tratamento neurológico e fonoaudiológico intensivos, realizados na cidade de moradia da mãe, foi-nos encaminhado por dificuldade de aceitação de suas sequelas, ou seja, por danos não em nível motor, sensorial ou mesmo cognitivo, mas sobretudo afetivos e emocionais. U. era filho de pais separados e, após a separação, seu pai resolveu voltar à sua cidade natal, tendo U. e seu irmão permanecido com a mãe na cidade. U. não suportou, segundo a mãe, o novo casamento dela: as brigas tornaram-se constantes, culminando com o envio de U. para morar com o pai.

Após o acidente, U. repetia sempre que queria voltar para a fazenda, que não tinha "nada pra fazer na cidade". Passava os dias em casa, enquanto sua mãe saía para trabalhar e seu irmão ia à escola e a cursinhos de inglês e informática. A psicanalista percebia que, por várias vezes, U. abaixava a cabeça, olhava impassível para o vazio, silencioso e fechado, respondendo por monossílabos ou por pequenos movimentos da cabeça. Em análise, quaisquer tentativas de encorajamento para que se expressasse pareciam aumentar seu fechamento durante vários minutos. Esses episódios ocorriam nitidamente após lhe ser feita alguma pergunta ou quando alguma intervenção da psicanalista lhe era desagradável, o que ocorria amiúde. A intolerância à frustração era de tal monta que se tornava difícil qualquer iniciativa que não fosse rechaçada. Por sua vez, a história de U. antes do TCE já demonstrava várias dificuldades no seu processo de desenvolvimento, tendo sido um menino ciumento, competitivo e francamente agressivo em relação ao irmão e à mãe.

Após um episódio de conflito violento em casa com o irmão, quando U. ameaçou-o com uma faca de cozinha e foi contido pelo padrasto, reavaliamos todo o atendimento. Passamos a considerar a reação de fechamento e os episódios de agressividade em casa como uma "reação catastrófica", certamente relacionada a questões narcísicas do paciente. Pudemos, então, lidar com U. de uma maneira que Kohut provavelmente denominaria de empática, procurando ajudá-lo a colocar em palavras seus sentimentos de fúria e desamparo. U. aos poucos foi contando como estava sua vida no período imediatamente anterior ao acidente, entendendo um pouco mais sua impulsividade e agressividade naquele momento. Pôde, então, perceber como "tudo ia dar no que aconteceu" (o acidente). Após alguns meses, U. voltou para a fazenda, como sempre reivindicava. E nas primeiras vezes em que retornou à cidade para reavaliação do tratamento procurou-nos para "conversar". Porém U. não conseguiu voltar à escola para terminar o ensino médio e estava tendo dificuldades para tirar carteira de motorista, que era um de seus sonhos. Lidar com essas frustrações parecia ser sua próxima tarefa psíquica.

Negação, recusa e encobrimento

M. chegou ao SPA/PUC-Rio através de uma psicóloga que tinha conhecimento de nosso trabalho. Aos 21 anos, M. sofreu um grave TCE em consequência de situação de violência urbana, na qual ele claramente tinha se exposto ao perigo (deambular sozinho à noite por uma região considerada muito perigosa). Foi agredido com um porrete, dado como morto, mas removido a tempo de ir para uma UTI, onde permaneceu em coma por 20 dias. Como foram várias as fraturas, no rosto e na cabeça, sua recuperação no hospital foi lenta. A cicatriz na face, perto da boca, o incomodava bastante. Porém, mesmo com essas marcas, tratava-se de um jovem bonito e que falava de maneira rica e articulada.

Aos poucos fomos sabendo de sua história pessoal. M. dizia ser filho de um "bandido" da comunidade onde morava, tendo sido criado pela avó, já que a mãe "preferia" ficar sem ele. M. contou nunca ter tido contato com esse homem e que somente a avó o ajudava. Como ficou com várias sequelas do TCE, não conseguia manter-se em uma atividade e interrompeu seus estudos. Negava as dificuldades no âmbito cognitivo, dizendo que se desinteressara do estudo. M., por outro lado, era um jovem expansivo, extrovertido, sedutor e de trato agradável; aparentemente, em seu discurso mostrava-se muito motivado quanto a todo o trabalho necessário para sua recuperação. Porém isso mascarava uma grave ansiedade.

A avaliação neuropsicológica apontou graves danos à atenção, concentração, controle dos impulsos, planejamento e memória. Como M. não podia, evidentemente, evitar seus erros e dificuldades, utilizava sua rica capacidade de verbalização para encobri-los – fabulando histórias para encobrir seus problemas e contando seus grandes sucessos em situações de estudo ou de trabalho.

Também verificamos que M. tinha se afastado do neurologista encarregado de seu tratamento. Mesmo tendo tido algumas convulsões, sofrer de dores de cabeça e tonteiras frequentes, negava a necessidade de medicação e recusava-se a procurar um profissional com quem mantivesse um vínculo estável. Para justificar isso, desfiava várias explicações quanto à dificuldade de encontrar um "bom" médico em hospital público. A cada indicação ou sugestão da psicanalista, fosse qual fosse, M. imediatamente a interrompia, concordando com ela, garantindo que tomaria essas providências – o que nunca acontecia. Após várias sessões em que a psicanalista procurava também obter alguma forma de contato com a família de M., este começou a relatar "algumas brigas" que estava tendo com seu companheiro do momento.

Apareceram aí toda a frustração e o ódio de M. face a seus problemas. Ele contou que estava usando, sim, maconha "para se acalmar" e que estava espancando o companheiro quase todo dia. Este não revidava porque "sou doente, né?" (*sic*). O rapaz já fazia uso de drogas antes mesmo do TCE; ele jamais mencionava a família, à exceção da avó, e, depois, da mãe quando esta começou a lhe dar uma "semanada" para seus pequenos gastos. Ao que tudo indica, a família também funcionava no processo de negação e de recusa. As atitudes violentas e agressivas de M. começaram a se tornar mais frequentes. Ele, ao mesmo tempo que nos relatava algumas, deixava entrever outros delitos e dificuldades – roubar pequenas quantias na casa de amigos, não cumprir os poucos compromissos profissionais, deixar a medicação acabar propositalmente ("queria ver como fico sem o remédio"; "não quero tomar remédio por toda a vida" – *sic*).

Abandonou um neurologista de quem disse ter gostado e a quem tinha consultado por insistência dos amigos, que pagaram suas primeiras consultas. Após seis meses, M. abandonou também o atendimento psicanalítico, na medida em que percebeu que "tinha de me tratar" (*sic*) e que o atendimento somente poderia continuar se ele se comprometesse a vivenciar o lento processo de recuperação. Observamos que foi fornecida uma resposta empática da psicanalista, o que possibilitou que M. começasse aos poucos a falar de suas passagens ao ato, dizendo até que não entendia o que acontecia, mesmo associando-as ao uso de drogas. As reações violentas, agressivas, frente a qualquer situação de frustração não aconteciam na sessão e sim longe da analista. Acreditamos que ele também buscava tanto ser aceito – o que acreditamos ter acontecido no atendimento – quanto proteger a psicanalista de seus acessos de fúria.

Conclusão

Com a discussão teórica e as vinhetas clínicas tivemos a intenção de apresentar a diversidade e os processos subjacentes à relação entre reação catastrófica e fúria narcísica. É fundamental ter um entendimento mais detalhado de situações clínicas de grande complexidade, que interpelam o psicanalista na sua capacidade empática, no dizer de Kohut. Quanto ao atendimento psicanalítico de sujeitos portadores de lesões cerebrais, estes propõem peculiaridades merecedoras de atenção e de reflexão.

O primeiro relato de caso apresentado pode ser incluído na categoria proposta por Kohut dos casos de transtorno secundário do *self*: o paciente demonstrava reações de frustração, agressividade e tristeza frente ao grave adoecimento que transformou irremediavelmente a sua vida e a das pessoas a seu redor; seria um exemplo das vicissitudes da vida, mencionadas por Kohut. Isto é, as reações narcísicas do paciente surgiam a partir de uma estrutura de *self* coesa e estável. Os dois casos clínicos apresentados a seguir são exemplos de transtornos primários do *self*: os pacientes, anteriormente aos acidentes, já demonstravam aspectos de fragilidade egoica e uma notável instabilidade e falta de coesão do *self*. Para Kohut, trata-se de situações psíquicas muito mais graves, propondo maiores dificuldades ao atendimento psicanalítico. Acrescentem-se a esse aspecto as sequelas de graves lesões cerebrais e os profissionais envolvidos nos vários atendimentos, tanto psicanalítico quanto nos outros tratamentos da reabilitação (fonoaudiológico, fisioterápico, neuropsicológico), podem ver-se frente a graves obstáculos a seu trabalho.

Por outro lado, seguindo o entendimento proposto por Kohut, um *setting* em que o paciente se sinta respeitado e aceito pode ser resultado de uma "resposta empática" através da qual o psicanalista entra em contato com a realidade psíquica do paciente, numa escuta sensível e atenta ao que este tenta comunicar, dentro das limitações causadas por seu adoecimento.

Sem dúvida, o acesso à história de vida daquela pessoa permite o entendimento da forma de reação catastrófica vivenciada e a paulatina inclusão desse aspecto na trama da experiência atual do lesionado cerebral. A partir de nossa experiência, sugerimos a importância de o psicanalista que atende tais pacientes buscar integrar ambos os aspectos – tanto a construção de um *setting* empático quanto o conhecimento da vida pré-acidente do indivíduo. Esta preocupação com as características específicas dos sujeitos com lesão cerebral pode se mostrar crucial para a construção de um ambiente propício ao gradativo aprendizado sobre tantas novas situações e vivências, que agora são parte integrante da vida daqueles sujeitos.

Referências

American College of Surgeons & National Association of Emergency Medical Technicians (PHTLS). (2004). *Atendimento pré-hospitalar ao traumatizado: básico e avançado*. Rio de Janeiro: Elsevier.

Pinheiro, A. I., De Almeida, F. M., Barbosa, I. V., Mesquita Melo, E., Borges Studart, R. M. & De Figueiredo Carvalho, Z. M. (2011). Principais causas associadas ao traumatismo cranioencefálico em idosos. *Enfermaria Global, 22*, 1-11. Disponível em <http://scielo.isciii.es/pdf/eg/v10n22/pt_clinica4.pdf>. Recuperado em 17 de junho de 2012.

Canguilhem, G. (1966/1990). *O normal e o patológico*. São Paulo: Forense-Universitária.

Damasio, A. (1994). *Descartes' error: emotion, reason and the human brain*. Nova Iorque: Grosset/Putnam.

Fernandes, R. N. R. (2010). *Análise epidemiológica das hospitalizações no sistema único de saúde por traumatismo cranioencefálico 2001-2007*. Dissertação de Mestrado, UFBA. Disponível em <http://www.bibliotecadigital.ufba.br/tde_busca/arquivo.php?codArquivo=3612>. Recuperado em 15 de dezembro de 2011.

Goldstein, K. (1952). The effect of brain damage on personality. *Psychiatry, 15*, 245-260.

Goldstein, K. (1963/2000). *The organism*. Nova Iorque: Zone Books.

Kohut, H. (1971). *The analysis of the self*. New York: International Universities Press.

Kohut, H. (1972/1984). Reflexões acerca do narcisismo e da fúria narcísica. In: H. Kohut. *Self e narcisismo* (pp. 80-121). Rio de Janeiro: Zahar.

Kohut, H. (1977). *The restoration of the self*. New York: International Universities Press.

Koizume, M. S., Lebrao, M. L., Mello-Jorge, M. H. P. & Primerano, V. (2000). Morbimortalidade por traumatismo crânio-encefálico no município de São Paulo, 1997. *Arquivos de Neuropsiquiatria, 58*, 1-13.

Lacerda, C. M., Evangelista, L., Souza Jr., J. R. & Gomes, L. P. (2010). Aspectos epidemiológicos do traumatismo cranioencefálico em Feira de Santana, Bahia. *Anais do XIV Seminário de Iniciação Científica da Universidade Estadual de Feira de Santana*, UEFS, Feira de Santana.

Melo, J. R. T., Silva, R. A., Moreira, J. R. & Duarte, E. (2004). Característica dos pacientes com trauma craniencefálico na Cidade do Salvador, Bahia, Brasil. *Arquivos de Neuropsiquiatria, 62*, 711-715.

Prigatano, G. P. (1991). Disordered mind, wounded soul: the emerging role of psychotherapy in rehabilitation after brain injury. *Journal of Head Trauma Rehabilitation, 6*(4), 1-10.

Sacks, O. (1997). *O homem que confundiu sua mulher com um chapéu.* São Paulo: Companhia das Letras.

Violência e subjetivação: questões para uma clínica com populações de baixa renda

Junia de Vilhena*, Maria Helena Zamora** & Joana de Vilhena Novaes***

A clínica psicanalítica com populações de baixa renda ainda se constitui como um campo novo de trabalho e de pesquisa. Para muitos a presença do psicanalista em instituições, comunidades, postos de saúde de associações de moradores ou mesmo em intervenções com populações de rua pode causar estranheza – afinal, não é incomum a defesa de uma certa ortodoxia no *setting*, pela qual qualquer outra prática apresenta-se como uma distorção daquilo que é desenvolvido em um consultório privado.

Acreditamos, parafraseando Fabio Hermann (comunicação pessoal), que assim se confunde a moldura com o quadro. É preciso também lembrar que Freud, ao inventar a psicanálise, sempre deixou claras as possíveis mudanças e avanços que ela sofreria. Todo conhecimento é datado e toda elaboração teórica tem que ser contextualizada em um determinado momento histórico. A psicanálise, pelo menos no Brasil, é frequentemente acusada de ser ineficaz no tocante a este tipo de atendimento,

* Professora na Graduação e no Programa de Pós-Graduação em Psicologia Clínica da Pontifícia Universidade Católica do Rio de Janeiro – PUC-Rio. Psicanalista.

** Professora no Departamento de Psicologia da PUC-Rio.

*** Psicanalista. Pós-doutoranda em Clínica Médica (UERJ).

sendo um dos seus mais instigantes desafios sua inserção numa realidade marcada por imensa apartação social.

A produção da realidade humana na vida social se dá na convergência entre a existência e seus significados, entre a realidade e os sentidos correspondentes que os sujeitos lhe atribuem. No processo de construção da subjetividade, pode-se perceber a "condensação ou sedimentação, num dado indivíduo, de determinações que se situam aquém ou além da experiência de si e que, de algum modo, a conformam ou, pelo menos, lhe designam certos limites e condições" (Mezan, 1997, p. 13).

Segundo Jurandir Freire Costa (1984), a imagem construída pelo seu meio social, nas relações com seus próximos, com a cultura na qual o sujeito se insere, é fator privilegiado da constituição do sujeito. São imagens com as quais cada um buscará se identificar como forma de construção de afetos, de contato e troca. São modos de olhar a si mesmo que permitirão construir caminhos subjetivos em meio ao cotidiano.

Baseado nos trabalhos desenvolvidos no Laboratório Interdisciplinar de Pesquisa e Intervenção Social – LIPIS da PUC/Rio, no qual as autoras desenvolvem parte de suas atividades, tanto no Núcleo de Atendimento Psicológico como no Núcleo de Direitos Humanos e Sociais, o presente trabalho tem como objetivo discutir o atendimento psicanalítico a populações de baixa renda, tomando como eixo de reflexão a indissociabilidade entre o singular do sujeito e o universal da cultura, aqui tematizada como um dos fundamentos de nosso dispositivo clínico na busca da compreensão do sofrimento psíquico. Discutimos, ainda, como a psicanálise nos dá as ferramentas apropriadas, sobretudo quando estabelecemos um diálogo com outros campos do saber.

Cidade e (in)visibilidade

Como em tantos países periféricos do capitalismo globalizado, uma fração importante da população brasileira de baixa renda está excluída do direito à cidade e precisa encontrar moradia com seus próprios e limitados recursos. Apesar de incluído no sistema produtivo, o trabalhador é excluído do mercado residencial capitalista e não raro encontra-se privado do direito humano à moradia (Maricato, 2009) e a equipamentos sociais que possam garantir certa qualidade de vida.

No Brasil, a urbanização ocorreu como um processo dinâmico, marcado pela rapidez de suas transformações e pela falta de implantação de políticas fundiárias e habitacionais que fossem ao menos suficientes para incorporar em seus projetos a pobreza urbana. Essa inadequação ou mesmo ausência gera sérias consequências na qualidade de vida citadina como um todo.

Uma considerável parte da cidade é ainda vista como uma "não cidade", ilegal, irregular e perigosa. São territórios segregados, vistos como perigosos, como o "outro ameaçador" para a cidade "oficial". Na verdade, o fato de se ter ou não a posse da terra e a moradia legalizada não torna espaços e pessoas mais reconhecidos. Também não é meramente a pobreza que os coloca em situação de ser "o outro da cidade". A evidência disto é que muitas favelas estão legalizadas, têm graus muito variáveis de pobreza ou têm áreas de classe média, têm uma imensa população trabalhadora, com uma conexão clara com as indústrias, o comércio, os serviços e a moradia dos mais abastados. Contudo, continuam a ser pensadas como "guetos", para usar o termo de Wacquant (2008). Para o autor, gueto é onde se combinam o confinamento espacial, o fechamento social e a homogeneidade dos de dentro, em contraste com a heterogeneidade dos que estão fora. É uma "máquina de identidades coletivas maculadas" (Wacquant, 2008, p. 88), em que o corte étnico-racial é decisivo para o sucesso desta segregação imposta (Wacquant, 2008; Bauman, 2003).

Na urbanização brasileira manifesta-se certo pensamento conservador, aliás bastante disseminado, que busca a afirmação de duas ideias: a primeira, que os guetos são o território da pobreza e que por isso devem ser segregados e a segunda ideia, que a sensação de insegurança de uns justifica a intolerância com outros (Souza, 2005) assim como as ações repressivas de todo tipo. Este pensamento produz a invisibilidade da segregação e a *visibilidade seletiva*, que dá relevância a cada ação ameaçadora que afinal confirme a periculosidade dos espaços segregados.

É comum encontrar entre os moradores o sentimento de rejeição, de sentirem-se relegados à condição de invisíveis sociais. Estes cidadãos não são vistos, exceto como suspeitos ou como estorvos; não são consultados. Mesmo se consultados sobre suas próprias vidas, suas opiniões não têm o mesmo peso do saber/poder instituído (Zamora, 1999; Vilhena, 2007, 2009).

Aprisionadas nas identidades massivas, "unificadas" onde todo mundo é igual e igualmente ruim, é bem comum que apareçam entre as pessoas segregadas sentimentos de "dúvida e de ódio contra si mesmos, a dissimulação de suas origens [...], a desvalorização perniciosa dos seus e até uma identificação fantasiosa com o grupo dominante" (Wacquant, 2008, p. 89). Neste "outro Brasil", que não é uma potência econômica nem uma promessa ao mercado, o sentimento de vergonha que acompanha até as crianças por serem quem são, por morarem onde moram, por não saberem sobre seu próprio valor e o de suas famílias constitui grande violência, com repercussões na constituição da capacidade simbólica.

Não se pode desprezar o impacto dos olhares, pensamentos e ações autoritários na constituição da subjetividade dos moradores (Vergne, 2010), marcada por esta profunda apartação social.

Frequentemente as subjetividades produzidas em contextos de extrema violência encontram na passagem ao ato, pelo esvaziamento da palavra e da lei, a forma privilegiada de ver suas existências reconhecidas. Analisando o distanciamento existente entre a lei e as práticas sociais no Brasil, buscamos ressaltar os mecanismos narcísicos como elementos primordiais das subjetividades contemporâneas quando esvaziados os valores fundamentais de solidariedade e respeito à diferença.

O outro e o mal

Submetido aos efeitos de uma perversa desigualdade social, à falta de equidade na aplicação da lei, e a discriminações diversas, um grande contingente de nossa população tem enfrentado, precocemente e sem possibilidade de defesa, experiências que, afetando os espaços externos, destroçam também as possibilidades de construção de um mundo interno pautado em alguma forma de esperança, de projeção de futuro. Esses sujeitos ficam assim impedidos ou prejudicados em seu desenvolvimento pleno ou são precocemente mutilados os espaços simbólicos onde poderiam ser controlados os medos, sonhados os projetos e elaboradas as condições de um crescimento saudável.

O mundo é uma provocação que impõe enorme trabalho à imaginação para compreendê-lo. Nesse devaneio exploratório, somos afetados pelo mundo ao mesmo tempo que o criamos e sabemos de nós. Do ponto de vista da psicanálise, não se pode deixar de lado a dimensão inconsciente do objeto, nem de conceber que os objetos de satisfação das pulsões libidinais só existem *na* e *pela* cultura.

Contudo, a escuta do sujeito na dimensão da clínica, sempre mediada pela cultura, ou referida aos seus agenciamentos subjetivos, tem se mostrado não raro problemática. Em uma espécie de *confusão de línguas* observamos, por um lado, o psíquico sendo reduzido a uma patologia social e, por outro, de forma igualmente ingênua, ou insensível, uma total desqualificação do social nos processos de subjetivação.

Como aponta Rocha (2005), seguindo Freud, todo sujeito necessita de amparo e atenção para se humanizar. Todos precisam ser acolhidos não apenas entre aqueles que vão cuidá-los, a família, mas também pela pólis. Todos precisam também de modelos e referências para construir suas redes identificatórias e precisam ser aceitos em círculos cada vez mais amplos, como nos lembra Winnicott. Se a noção de singular entre o plural não estiver salvaguardada, nenhuma criança pode se constituir como sujeito responsável, individualmente e na vida em sociedade. A cultura, de forma ampla, é a moldura da referência social para o processo de humanização. Cultura, neste sentido, não é um privilégio para poucos.

Acreditamos que a fragilidade da saúde individual e grupal é prioritariamente consequência de relações perturbadas com o mundo, nas quais a própria existência de cada um pode ou não ser reconhecida. É no interjogo da organização interna e do social que nos constituímos como sujeitos. Onde o homem comum não mais se reconhece ou não vê reconhecida sua cidadania não se cria um território para a existência humana.

A favela tem aparecido como o "negativo" da cidade, algo que a sociedade precisa combater. Fala-se de favelas, ainda e insistentemente, como locais de crimes, acontecimentos considerados naturais naqueles espaços. Os sentimentos de medo (desejo de se afastar do estranho), raiva (desejo de eliminação deste diferente radical) e pena (tristeza pela situação daquele que supostamente é inferior) são recorrentes. Não raro a mídia clama por mais repressão, reforçando aquela imagem de perigo já consolidada.

A fala de uma liderança comunitária do Rio de Janeiro ilustra melhor esta situação: "temos que desconstruir a ideia corrente de que a criança moradora da favela será um criminoso no futuro". Jailson de Souza, ex--morador da favela da Maré e atual coordenador do Observatório Social de Favelas, em comunicação pessoal, argumenta que, quando uma criança de classe média dança ou faz teatro é para aprimorar sua humanidade, quando uma criança da favela faz o mesmo é para evitar ir parar no tráfico.

Nosso momento histórico é caracterizado por grandes comoções sociais e crise profunda de nossas instituições. A complexidade do mundo contemporâneo exige a elaboração de modelos capazes de dar conta das demandas sociais e do adoecimento individual, uma tentativa de fazer um mapeamento das novas configurações do desejo face às novas formas de subjetivações da atualidade. Este é um desafio para todas as áreas do saber, inclusive para a psicanálise e para o exercício da clínica.

Evidentemente, os fenômenos sociais são de difícil solução e seria um erro atribuir todas as questões complexas da contemporaneidade a causas psicológicas. Por outro lado, não podemos nos furtar a utilizar as ferramentas que a psicanálise nos oferece para compreender a realidade e contribuir para tentar solucionar nossos graves problemas sociais.

Trata-se, portanto, de não psicologizar o social retirando de nós a responsabilidade pela sociedade que estamos construindo e, paralelamente, não reduzir o psíquico a uma patologia social. Entendemos que reduzir nossa compreensão apenas a uma perspectiva significa empobrecê-la, reforçando uma dicotomia entre social e individual que não tem acrescentado muito à compreensão dos diversos fenômenos (Vilhena, Zamora, Novaes & Moreira, 2010).

Se, por um lado, os fenômenos de "colapso simbólico" são frequentemente relacionados aos confinamentos decorrentes da miséria, é importante lembrar que eles podem ocorrer em qualquer classe social sempre que certos valores desaparecem. Delitos de jovens, tanto oriundos de comunidades pobres quanto de classes abastadas, têm sido divulgados, denotando a existência de algo em comum entre eles: um grande vazio interior, povoado de "ameaças impensáveis", tal como as descreve Winnicott (1956/2000), e do recurso à violência como forma de atuação frente ao desespero (Vilhena & Bittencourt, 2008).

No século XXI, precisamos discutir que conceitos freudianos devemos abandonar, quais transformar e quais preservar para avançar teoricamente e na prática, tanto na clínica individual quanto na interface com o social. Na psicanálise, o sujeito só pode ser pensado na interioridade da cultura. A cultura é o Outro do sujeito e não há como pensar sobre ele para além dela. Diferentes códigos linguísticos, *ethos* e representações são enunciações da própria singularidade. Embora esta lógica seja construída socialmente, ela também é regida pela lógica exclusiva do inconsciente. Portanto, não pode ser reduzida a uma categoria predeterminada.

Longe de negar os diferentes determinantes de uma identidade, que são, sem dúvida, também socialmente construídos, esta afirmação afasta-nos de uma escuta etnocêntrica e nos direciona para uma pergunta fundamental – de que trata o desejo? Desejos são polissêmicos, paradoxais e poliglotas. Eles agem simultaneamente no singular e no plural em um diálogo (Vilhena & Santos, 2000).

Para além da psicanálise

Ainda que saibamos que o sujeito da sociologia não é sujeito da psicanálise, acreditamos servir ao nosso propósito fazer um breve desvio teórico e trazer algumas considerações acerca do interjogo identidade e cultura.

Segundo Honneth (2009), que utiliza como referencial o pensamento de Winnicott, no processo de construção social da identidade há um nexo entre a experiência de reconhecimento e a relação consigo próprio:

> A integridade do ser humano se deve de maneira subterrânea a padrões de assentimento ou reconhecimento. Na autodescrição dos que se veem maltratados por outros, desempenham um papel dominante categorias morais que, como as de "ofensa" ou de "rebaixamento", se referem a formas de desrespeito, ou seja, às formas do reconhecimento recusado. Conceitos negativos dessa espécie designam um comportamento que não representa uma injustiça só porque ele estorva os sujeitos em sua liberdade de ação ou lhes inflige danos; pelo contrário, visa-se àquele aspecto de um comportamento lesivo pelo qual as pessoas são feridas numa compreensão positiva de si mesmas que elas adquiriram de maneira intersubjetiva. Por outro lado, cada nova forma de reconhecimento acarreta um crescimento do

> grau de autorrealização em que o indivíduo pode referir a si mesmo como sujeito (Honneth, 2009, p. 217).

Para este autor, há um entrelaçamento da categoria de identidade pessoal e desrespeito social estabelecendo três formas de reconhecimento para a formação da identidade. Seriam elas a relação primária (amor e amizade), a jurídica (direito) e a comunidade de valores (solidariedade).

O primeiro reconhecimento estaria inscrito na dedicação emotiva através de relações de amor, geradoras de autoconfiança. Devemos entender por amor todas as relações emocionais fortes, com início nas parcerias primárias entre pais e filhos, visando uma bem-sucedida forma de ligação afetiva com outras pessoas.

O reconhecimento jurídico visa a circunstâncias elementares de todo sujeito poder ser considerado portador de alguns direitos quando reconhecido socialmente como membro de uma coletividade. A ordem jurídica depende de um acordo racional entre indivíduos em pé de igualdade e se funda na assunção da imputabilidade moral de todos os seus membros.

Entendemos que tal justiça possa e deva marcar o limite, mas desde que seja uma real referência e acolha os jovens. É preciso entender o ato antissocial, vê-lo com o caráter de pedido extremo que ele tem, tentando localizar onde o fio da esperança se rompeu (Vilhena, 2009). No caso de nossa sociedade é preciso indagar como isso poderia se dar em uma cultura marcada por desigualdade, patrimonialismo e corrupção. Para a teoria winnicottiana, quando uma instituição maltrata os jovens ela apenas confirma para eles que o mundo é inóspito, não confiável. Não é coincidência que o Estatuto da Criança e do Adolescente, Lei 8069, preconize, ainda que o jovem tenha cometido um delito, a reafirmação dos seus direitos e um tratamento de caráter socioeducativo. Não se pode punir para ensinar o respeito devido a todos (Zamora, 2008a).

A violência e o medo que ela causa não ensinam nada ou nada que sirva para o crescimento do jovem nem do meio social. Outras instituições que sustentam (ou poderiam sustentar) uma lei que garantisse justiça também sofrem de um enfraquecimento generalizado. Não se trata aqui de clamar pelo retorno das instituições tradicionais, marcadas pela severidade e autoritarismo. Trata-se de assinalar que os códigos da cultura não têm servido de apoio nem de referência aos mais jovens e nada foi colocado no lugar. Tais "referências" têm sido transformadas em frágeis sinalizações, que podem a qualquer momento ser transpostas como se ultrapassa um sinal vermelho, sem temer seus efeitos, possibilitando até a violência extrema como uma forma de expressão aceitável. Aliás, como assim "explicaram" os jovens, todos de classe média e alta, que mataram um índio porque pensaram que era um mendigo, ou como disseram aqueles que espancaram uma doméstica porque achavam que era uma prostituta.

Se o registro simbólico da linguagem é uma das condições de possibilidade para a instauração da lei no sujeito, este, contudo, não é suficiente para dar conta das práticas de justiça e do funcionamento social da lei no Brasil. Não raro a lei é aplicável somente às "classes perigosas". Existe na sociedade brasileira um imenso intervalo entre o registro simbólico da lei e o funcionamento normativo da justiça (Vilhena, 2007). Podemos mencionar como exemplo a pesquisa de Adorno (1996), que mostra que há maior frequência de prisões em flagrante para réus negros do que para brancos; que existe um número maior de réus brancos do que negros respondendo processo em liberdade; que há uma proporção maior de réus negros condenados do que brancos; que a frequência de absolvição é maior em réus brancos do que negros. O autor conclui que o princípio da igualdade perante a lei parece não ser cumprido e que a cor da pele funciona como elemento discriminatório na distribuição da justiça.

É possível aqui nos determos um pouco sobre a dinâmica do racismo e na falta de equivalência da lei. A violência racista atinge concretamente o corpo do negro. Mas, como explicou a psicanalista Neuza Santos Souza, no importante livro *Tornar-se negro* (1983), em sua forma de violência doce o racismo destrói o corpo do negro, vendo-o pejorativamente em relação ao do branco. Souza lembra que "é a autoridade da estética branca quem define o belo e sua contraparte, o feio, nesta nossa sociedade classista onde os lugares de poder e tomada de decisões são ocupados hegemonicamente por brancos. [...] *O negro é o outro do belo*" (Souza, 1983, p. 29; grifos da autora).

Os atributos físicos ditos dos negros são geralmente pensados no negativo e sempre postos em comparação desfavorável aos ideais estéticos etnocêntricos (Gomes, 2002; Vilhena, 2007). O corpo então deixa de ser vivido como uma fonte de alegria e prazer. Por meio da aceitação do racismo e por falta de outros modelos identificatórios, se estabelece uma relação persecutória entre o negro e o seu corpo (Costa, 1984). Esta relação é marcada pela vigilância para disfarçar as características "diferentes" do modelo dominante e portanto indesejáveis. Instala-se a preocupação de se fazer "passar por branco". Mas, ao desejar embranquecer, o negro não se permite existir; ele instaura o projeto de sua própria extinção.

Tornar difícil alguém ser aquilo que é, fazer com que a pessoa seja vista e acabe por se ver no negativo é um processo violento. Desde cedo, talvez na própria família, a criança negra sente a desvalorização de seu corpo e a fundamentação de padrões estéticos que desprezam o seu tipo físico. Tornar-se negro, portanto, é vencer inúmeras dificuldades; um desafio doloroso de se constituir em um mundo hostil, no qual o referencial é sempre o branco.

A violência do racismo, quase sempre negada ou ocultada, mostra que ter a lei como referência é poder imaginar uma possibilidade de ordem realmente democrática em que haverá igualdade entre os seres humanos. A concepção simbólica da lei não pode se restringir aos processos linguísticos, pois tem de ser relançada nos campos social e político de forma que a economia política dos bens e valores possa estar entrelaçada com a economia psíquica das pulsões, desejos e demandas dos diferentes atores sociais.

Ainda para Honneth (2009), a terceira forma de reconhecimento seria a solidariedade. Interessante notar que o autor, ao falar de solidariedade nas sociedades modernas, realça o pressuposto de que elas são

> relações sociais de estima simétrica entre sujeitos individualizados (e autônomos). Relações dessa espécie podem se chamar "solidárias" porque elas não despertam somente a tolerância para com a particularidade da outra pessoa, mas também o interesse afetivo por essa particularidade (Honneth, 2003, p. 210).

Portanto, em nosso atual modelo de *apartheid* social, tornar alguém invisível socialmente é projetar sobre ele preconceitos e estigmas, é destituí-lo de tudo que nele é singular. Desta forma, podemos avaliar os efeitos da negação social quando crianças e adultos incorporam o lugar de segregados, sentindo que o bem comum não é para todos, não é para eles. São experiências que podemos assemelhar a vivências traumáticas.

No Brasil a lei jamais serviu para inibir a prática da violência ilegal, sendo a tortura, a ameaça e a prisão prática possíveis contra os destituídos de poder. Aqui a lei serviu como expressão de dominação sem oferecer nenhuma garantia de direitos fundamentais para a maioria da população.

Há alguém aqui?

Será possível estender essas reflexões do campo social para entendermos os traumas psíquicos e/ou agenciamentos subjetivos decorrentes do *apartheid* social? A ferida narcísica advinda do sentimento de impotência e de vergonha, a perda da autoestima oriunda da privação da convivência com o aparato social e cultural podem se assemelhar às condições de privação nas histórias de indivíduos?

Em 1900, Durkheim "secularizou o termo teológico anomia a fim de estigmatizar o individualismo contemporâneo no sentido pernicioso daquela expressão: um autocentrismo que impedia as sociedades ocidentais de criar os vigorosos laços coletivos característicos das comunidades intactas" (Gay, 2002, p. 154). Em um contexto atual, quando as políticas de diminuição do Estado social entraram em vigor em boa parte do mundo, causando incerteza, desmoralização, dissolução de vínculos (Castel, 2005), os mais afetados foram os países pobres e dentro deles as pessoas mais desamparadas e mais dependentes de programas de emprego e renda, produzindo um contingente humano que pouco pode produzir ou consumir e, portanto, que é de pouca importância em um sistema consumista e utilitarista (Bauman, 2004; Forrester, 1997).

O efeito do declínio das medidas de redução do estado social, de uma estabilidade mínima que garanta o que poderíamos entender como pacto social – ou pelo menos direito à vida – foi avassalador para os mais pobres. Entendemos que tal situação de vulnerabilidade psíquica e social pode provocar nos mais jovens a perda de referentes simbólicos de sua história e cultura, ocasionando estados de padecimento psíquico tais como luto, isolamento, estados depressivos, doenças psicossomáticas, fenômenos melancólicos, drogadicção, desagregação familiar, desarticulação das instâncias comunitárias, entre outros "sintomas". Isso os torna excluídos do contexto cultural mais amplo, delineando-se um sintoma psicossocial decorrente da invisibilidade política dessa população.

Acreditamos que nestas circunstâncias o aparato social não cumpre sua função de continente para favorecer condições de desenvolvimento pessoal e grupal, tampouco o mundo se apresenta como referência provocadora para estimular a curiosidade desejante.

Todos querem ser, desejar existir é força fundante do ser humano. Ser alguém e ser para alguém são variações possíveis de uma existência que só se realiza num olhar, num gesto, numa palavra dirigida que dá a quem quer ser a certeza de que ele existe, de que tem um lugar de referência. Pertencer a algum lugar constitui-se numa abertura para o ser no mundo. Ser de algum lugar. Enraizar-se. Ter uma comunidade.

É preciso, então, refletir de que forma as precárias condições de habitação, saúde, educação e inclusão social atuam na dinâmica das relações; qual o lugar que o espaço habitado ou a cidade em que vivemos ocupa na construção de nossa identidade.

Nesses contextos a coesão social pode ser afetada pela violência, pois com frequência o medo ou a experiência de vitimização – direta ou indireta – levam as pessoas a adotarem medidas de autoproteção que as distanciam uma das outras. Ou seja, reduzem o uso dos espaços públicos, o contato com vizinhos e parentes, vivendo o que chamamos de confinamento (Zamora, 1999). Em um artigo intitulado "Infância roubada", Vilhena, Zamora e Dimenstein (2003) apontam para o fato de que tal condição tem impactos importantes não só na restrição da circulação cotidiana das pessoas em seus territórios, mas principalmente por ser uma forma de controle social não institucionalizado, um dispositivo de poder, uma prática disciplinar que se exerce sobre as populações faveladas que resulta numa sobreposição de exclusões: de classe, de gênero, de etnia e de geração. Trata-se, pois, de um confinamento geográfico, político, cultural e subjetivo que produz relações de sociabilidade muito particulares e não raro muito opressivas.

A existência, o sentir-se existindo impõe-se ao sujeito. Então podemos pensar como alguém se sente existindo numa condição ou situação em que o existir passa desapercebido. Como é se sentir existindo quando se é ou está invisível? O que é a invisibilidade? Por que isto se apresenta como uma questão para o sujeito atual?

Khel (2002), em seu artigo "Visibilidade e espetáculo", diz que existir é entregar as suas imagens ao espaço público; é tornar-se visível, em outras palavras. A visibilidade é o que vai possibilitar ao sujeito o estatuto da existência. Quando não se vê algo, esse algo não existe – "ser é ser percebido". Mas ser é, antes de tudo, ser para alguém. Ver e ser visto são duas faces da mesma moeda nos encontros humanos (Vilhena & Santos, 2000). A invisibilidade pública é a forma mais aterrorizante de nos sentirmos existentes. Sabemos que estamos ali, é fato, mas há uma espécie de desaparecimento psicossocial de alguém no meio de outros seres humanos, ou seja, ser ninguém é o impensável traumático, desaparecimento intersubjetivo de um no meio dos demais. Viver a invisibilidade é padecer de uma crônica humilhação social, da dor do não pertencimento, da recusa de uma comunidade, de um lugar humano, como mostrou Costa (2004) no seu estudo com garis no qual ele mesmo experimentou, por vários anos, o não-ser sempre destinado a estes trabalhadores.

A identidade só existe no espelho e este espelho é o olhar dos outros, não o espelho narcísico, mas o reconhecimento dos outros. É a generosidade do olhar do outro que nos devolve nossa própria imagem ungida de valor, envolvida pela aura da significação humana, da qual a única prova é o reconhecimento alheio. Nós nada somos, ou nada valemos, se não contarmos com o olhar alheio acolhedor, se o olhar do outro não nos recolher e salvar da invisibilidade que nos anula ou que perversamente nos confunde com os demais – portanto, sinônimo de solidão e incomunicabilidade, falta de sentido e de valor.

Conclusão

Desde os primórdios da construção do saber psicanalítico, Freud (1918/2002) preconizou o contato com os pacientes – a clínica – como o campo precursor e eternamente revitalizador da teoria. A partir da inclusão da realidade social e do ambiente, tanto no processo de constituição do sujeito quanto no cenário da análise, o estudo dos processos psíquicos (nos campos teórico e clínico) vai adquirindo, cada vez mais, maior complexidade. Desde Freud até os autores pós-freudianos modernos e contemporâneos, esta questão se coloca permanentemente com maior ou menor ênfase.

O olhar para a história é essencial para prestarmos atenção ao discurso dominante no contemporâneo brasileiro, que enaltece a objetividade e não a dialética subjetividade-objetividade. Desta forma, a psicanálise que queremos, em tempos de abismos profundos, em diferentes esferas da vida societária, é aquela que considera o reconhecimento (Oberg & Vilhena, 2010).

Agamben (1995/2002) aponta, na introdução de seu livro *Homo sacer: o poder soberano e a vida nua*, como a impossibilidade de confiarmos nas estruturas e instituições que nos referenciavam e protegiam nos leva a sermos lançados em nosso desamparo e, aparentemente, reduzidos à materialidade da vida biológica, a uma vida destituída da dimensão política – a vida nua. Para o autor a *polis*, que deveria ser considerada como o "lugar em que o viver deve se transformar no viver bem" (Agamben, 1995/2002, p. 15), cada vez mais se tornou o lugar do perigo, das ameaças, de território conflagrado onde, diríamos, o encontro com o Outro não é mais uma possibilidade de deixar-se afetar e de permitirem-se novas interações, mas uma ameaça em potencial. Isso coloca como fundamental enfatizar a facilidade com que se desumaniza o "diferente" ou "inferior" sem que nos sintamos minimamente responsáveis. Acreditando que este "menos humano" não é sujeito moral como "nós", toda crueldade pode ser cometida. A famosa frase de Hitler ilustra bem o que estamos apontando: "sem dúvida alguma os judeus são uma raça, mas não são humanos". Foi a partir dessa mentira sobre os judeus e sobre outros grupos, inclusive alemães, que todo massacre tornou-se possível. E este ainda pode ser um destino possível a milhares de pessoas na atualidade, como nos adverte Bauman, no seu brilhante ensaio *Modernidade e holocausto* (1998).

Freud (1920/2002) identificou a capacidade para distinguir o eu do não-eu, o mundo interno do mundo externo, o prazer de desprazer, o passivo do ativo como os princípios essenciais na formação do aparelho psíquico. O discurso das figuras parentais e o discurso social sugerem diferentes diálogos para o ego. Devemos estar particularmente preocupados com o discurso social, no qual a identidade do indivíduo agencia sua subjetividade. Mas também convém lembrar que a identidade do "sujeito" depende do discurso de Édipo. Este último baseia-se na castração enquanto primeiro nas regras que protegem contra a anomia (Puget, 1995).

A psicanálise contribui enormemente para o entendimento da complexidade do homem contemporâneo pela concepção de um inconsciente originário que produz um pensar. Este conhecimento intuitivo, construído a partir do que inicialmente foi senso-percepção, e presente desde o início da vida, necessita do investimento libidinoso do semelhante para a construção das funções de Eros, assim como da função provocadora da experiência nova para despertar a capacidade de pensar (Rocha, 2005).

Com base nesta compreensão da construção do sujeito, podemos afirmar que a condição de não-cidadania constitui experiência mutiladora para o processo de humanização individual e grupal. Podemos também, apoiados nestes conhecimentos, desenvolver práticas de intervenção social, não negligenciando as emoções inconscientes como constitutivas dos fenômenos sociais.

A compreensão, a partir de Winnicott, de que o adolescente que comete delitos pede ajuda entende este ato como um movimento num sentido criativo e que é exatamente por isto que ainda lhe resta esperança. Este tipo de atendimento visa possibilitar um espaço de escuta em que ele possa ser olhado como sujeito que tem voz, como quem tem algo a dizer e que tem alguém que se interesse por ele. Por exemplo, permitir o cumprimento de medida em meio aberto evita que ele seja mais uma vez excluído. Neste caso, de seu ambiente, sua escola, família, amigos, comunidade, enfim, do lugar onde estão suas referências.

É preciso não esquecer que na psicanálise é a prática que funda a teoria, que a faz, constantemente, se renovar. Winnicott (1975) postula que, se não podemos fazer análise *standard*, somos analistas também fazendo outra coisa. Sobre a especificidade do atendimento que realizamos, devemos, antes de tudo, tentar construir um pano de fundo não somente para o *setting* analítico, mas, e principalmente, para a existência humana.

Os profissionais de psicologia têm sido convocados a assumirem inúmeros espaços de trabalho para além do consultório particular, do âmbito privado para o público, o que impôs questões interessantes para os psicanalistas sobre o exercício de sua prática, novos desafios a serem enfrentados. Fazer psicanálise seria desvelar a maneira pela qual um singular se insere em uma determinação universal. No apreender da realidade, o fato, aparentemente singular, é compreendido somente quando subsumido a um universal. Tal qual no interior do sujeito quando ocorre a síntese entre o particular e o universal, na relação da palavra com a linguagem (Vilhena, Novaes & Bittencourt, 2010).

Convém lembrar que o sujeito só abdica de determinados lugares porque a cultura lhe oferece algo em troca – um lugar no mundo dos homens, o direito de pertencer a um grupo, de ter condições dignas de sobrevivência, de ser visto. Se o acordo que estaria implícito para o ingresso do homem na cultura falhar, ou se tornar insuficiente, corre-se o risco, dentre outras coisas, da reinstauração da Lei de Talião, da apatia política, do fanatismo religioso, das formas fascistas de viver (Zamora, 2008b), do sofrimento tão forte quanto desnecessário que reduz a vitalidade necessária ao existir.

Referências

Adorno, S. (1996). Racismo, criminalidade violenta e justiça penal: réus brancos e negros em perspectiva comparativa. *Estudos Históricos*, *18*, 283-300.

Agamben, G. (1995/2002). *Homo Sacer: o poder soberano e a vida nua*. Belo Horizonte: UFMG.

Bauman, Z. (1998). *Modernidade e holocausto*. Rio de Janeiro: Jorge Zahar.

Bauman, Z. (2003). *Comunidade – a busca por segurança no mundo atual*. Rio de Janeiro: Jorge Zahar.

Bauman, Z. (2004). *Vidas desperdiçadas*. Rio de Janeiro: Jorge Zahar.

Castel, R. (2005). *A insegurança social. O que é ser protegido?* Petrópolis: Vozes.

Costa, F. B. da. (2004). *Homens invisíveis: relatos de uma humilhação social*. São Paulo: Globo.

Costa, J. F. (1984). *Violência e psicanálise*. Rio de Janeiro: Graal.

Dimenstein, M., Zamora, M. H. & Vilhena, J. (2005). Sobre a vida dos jovens nas favelas cariocas. Drogas, violência e confinamento. *Revista do Departamento de Psicologia da UFF*, *16*(1), 24-39, 2005.

Forrester, V. (1997). *O horror econômico*. São Paulo: Editora da Universidade Estadual Paulista.

Freud S. (1918/2002). Linhas de progresso na terapia psicanalítica. *Obras completas, ESB*, v. XVII. Rio de Janeiro: Imago.

Freud S. (1920/2002). Psicologia de grupo e análise do ego. *Obras completas, ESB*, v. XVIII. Rio de Janeiro: Imago.

Freud S. (1932/2002). Novas conferências: explicações, aplicações e orientações – Conferência XXXIV. *Obras completas, ESB*, v. XXII. Rio de Janeiro: Imago.

Gay, P. (2002). *O século de Schnitzler: a formação da cultura da classe média*. Companhia das Letras: São Paulo.

Gomes, N. L. (2002). Trajetórias escolares, corpo negro e cabelo crespo: reprodução de estereótipos ou ressignificação cultural? *Revista Brasileira de Educação, 21*, 40-51.

Honneth, A. (2009). *Luta por reconhecimento*. São Paulo: Editora 34.

Khel, M. R. (2002). Visibilidade e espetáculo. *Psicologia Clínica, 14*(1), 25-37. Disponível em <http://www.estadosgerais.org/terceiro_encontro/kehl-espectaculo.shtml>. Recuperado em 22/7/2010.

Maricato, E. (2009). Globalização e política urbana na periferia do capitalismo. *Revista Revista Eletrônica VeraCidade, IV*(4). Disponível em <http://www.veracidade.salvador.ba.gov.br/v4/images/pdf/artigo7.pdf>. Recuperado em 28 de janeiro de 2011.

Mezan, R. (1997). Subjetividades contemporâneas? *Subjetividades contemporâneas, 1*(1), 12-17.

Novaes, J. V., Vilhena, J., Moreira, A. C. G. & Zamora, M. H. (2009). As crianças que ninguém quer: a clínica psicanalítica em uma instituição de portas abertas. *Arquivos Brasileiros de Psicologia, 69*(1), 16-29.

Oberg, L. & Vilhena, J. (2010). Algumas considerações sobre a clínica ampliada. Psicologia Social Comunitária e o relato de uma experiência na comunidade de Muzema, na cidade do Rio de Janeiro. *Revista de Psicologia, 1*(2), 1-8.

Puget J. (1995). Psychic reality or various realities. *Int. J. Psycho-Anal., 76*, 29-34.

Rocha, M. T. N. (2005). *Psicanálise e interface social: experiência em favelas do Rio de Janeiro* (pp. 53-71). Rio de Janeiro: SBPRJ – Cadernos do PROPIS.

Souza, J. (2005). Afinal, quem é cidadão? *Portal Ecodebate – Cidadania e Meio Ambiente*. Disponível em <http://www.ecodebate.com.br/2005/10/14/afinal-quem-e-cidadao--entrevista-com-jailson-de-souza/>. Recuperado em 27/02/2011.

Souza, N. S. (1983). *Tornar-se negro ou as vicissitudes da identidade do negro brasileiro em ascensão social*. Rio de Janeiro: Graal.

Vergne, C. (2010). O olhar da Medusa e a petrificação do outro: uma reflexão sobre as favelas cariocas. *Revista Polêmica, 9*(3), 8-21.

Vilhena, J. (2007). A violência da cor. Sobre racismo, alteridade e intolerância. *Revista Psicologia Política, VI*(2), 391-413

Vilhena, J. (2008). Palavras sufocadas... atos desesperados. Violência, lei e subjetivação. *Latin American Journal of Psychopathology on line, 5*(2), 241-252. Disponível em <http://www.fundamentalpsychopathology.org/journal/v5-n2/v5n2a07.pdf>. Recuperado em 01/02/2011.

Vilhena, J. (2009). Qual a psicanálise que queremos: clínica psicanalítica e realidade brasileira. In: M. R. de Souza, & F. S. Lemos (orgs.). *Psicologia e compromisso social. Unidade na diversidade* (pp. 253-277). São Paulo: Escuta.

Vilhena, J. & Santos, A. (2000). Clínica psicanalítica com comunidades. Um desafio contemporâneo. *Cadernos do Tempo Psicanalítico, 32*, 09-35.

Vilhena, J. & Zamora, M. H. & Dimenstein, M. (2003) Infancias robadas. La vida de los jóvenes en las favelas de Rio de Janeiro. *Psicoanálisis y el hospital, XII*(23), 35-40.

Vilhena, J. & Bittencourt, M. I. G. F. (2008). A espinha partida. Considerações acerca da violência no filme Tsotsi – Infância roubada. *Estudos e Pesquisas em Psicologia, 8*(3), 612-610.

Vilhena, J., Zamora, M. H., Novaes, J. V. & Moreira, A. C. (2010). O sentido dos atos destrutivos dos adolescentes. Entendendo os jovens em conflito com a lei. *O social em questão, XII*(22), 141-160.

Vilhena, J., Novaes, J. V. & Bittencourt, M. I. G. F. (2010). Atendimento psicológico a populações de baixa renda. Considerações acerca do interjogo cultura e subjetividade. *Psychologica, 53*, 55-67.

Wacquant, L. (2008). *As duas faces do gueto.* São Paulo: Boitempo.

Winnicott, D. W. (1956/2000). A tendência anti-social. In: D. W. Winnicott. *Da pediatria à psicanálise: obras escolhidas* (pp. 400-416). Rio de Janeiro: Imago.

Winnicott, D. W. (1975). *Playing and reality,* London: Harper and Row.

Zamora, M. H. (1999). *Textura áspera: confinamento, sociabilidade e violência em favelas cariocas.* Tese de Doutorado, PUC-Rio.

Zamora, M. H. (2008a). Adolescentes em conflito com a lei: um breve exame da produção recente. *Revista Polêmica, 7*(2), 7-20.

Zamora, M. H. (2008b). Os corpos da vida nua: sobreviventes ou resistentes? *Latin American Journal of Psycopathology, 5*(1), 104-117.

Algumas observações clínicas a respeito das afecções que se expressam por meio do corpo: de Freud a Winnicott

Nadja Nara Barbosa Pinheiro*

O trabalho realizado nas dependências ambulatoriais de um Hospital Geral, na cidade do Rio de Janeiro, por aproximadamente cinco anos, foi o ponto disparador de inúmeras reflexões relativas à clínica psicanalítica transcorrida nesse ambiente. Razão pela qual, em um primeiro momento, nos dedicamos ao estudo das questões referentes ao modo específico com o qual tal clínica transcorre, elencando os elementos constituintes de seu cenário[1].

Em um segundo momento, nosso interesse se voltou para um tipo específico de adoecimento, bastante frequente de ser encontrado nas dependências hospitalares, cuja recorrência nos suscitou indagações bem preciosas tanto em termos teóricos quanto clínicos. Começamos a perceber que, frequentemente, recebíamos pacientes que nos eram encaminhados pela equipe médica do hospital portando uma patologia orgânica que se mos-

* Professora na Graduação e no Programa de Pós-Graduação em Psicologia da Universidade Federal do Paraná – UFPR. Psicóloga.

[1] Essa pesquisa foi desenvolvida na Pontifícia Universidade Católica do Rio de Janeiro (PUC-RJ) em nível de doutoramento com orientação da prof. Junia de Vilhena. Ver: Pinheiro (2003).

trava bastante resistente ao tratamento medicamentoso proposto apesar da existência de um diagnóstico médico preciso que sustentava a conduta adotada. Diante desse enigma, alguns médicos encaminhavam esses pacientes para uma consulta ou acompanhamento psicoterapêutico visando uma possibilidade de mudança em seus quadros clínicos. Porém o que nós podíamos perceber era que diante da proposta clínica da psicanálise de promover uma metaforização dos sintomas quase nada se modificava também. Ou seja, de forma distinta das patologias histéricas, notávamos que tais adoecimentos eram resistentes a qualquer tentativa de simbolização, como se não houvesse palavras para defini-los, lembranças que os correlacionassem à história de vida dos pacientes ou uma narrativa discursiva que os entrelaçasse às suas experiências vivenciais. Tais padecimentos pareciam opacos, eram, praticamente, como um "corpo estranho", para usar uma metáfora freudiana, um infiltrado, vindo de um outro lugar, ocupando um espaço, mas não fazendo parte da história subjetiva dos pacientes.

Nesse sentido, entretanto, uma contradição interessante começou a se configurar, pois, embora esses adoecimentos permanecessem, aparentemente, apartados da vida dos pacientes, paradoxalmente tomavam toda a atenção para si, fazendo com que a vida, não apenas dos doentes, mas como também a de seus familiares, girasse em torno desse padecer. Ou seja, se havia ali uma falta de palavras e de simbolização, havia, simultaneamente, um excesso de energia. Energia que se distribuía de uma forma curiosa, permitindo a ocorrência de uma oscilação simultânea entre o sofrimento e o prazer. Desse modo, o transcorrer dos atendimentos clínicos nos permitia notar que, se, por um lado, os pacientes apresentavam uma dificuldade bastante intensa em discorrer sobre seus adoecimentos, por outro apresentavam, em contraposição, uma facilidade extrema em discorrer sobre os efeitos paralisantes dos mesmos. O que nos fazia perceber que havia aí algo de uma fruição prazerosa em movimento que permitia a circulação energética entre a satisfação e a dor.

Outra questão que nos pareceu igualmente instigante dizia respeito ao modo como o recurso à hereditariedade era, constantemente, utilizado por esses pacientes. Podíamos perceber que, ao qualificarem seus adoecimentos como hereditários, em certo sentido os pacientes pareciam "desafetizados" em relação ao seu adoecimento, desresponsabilizados em relação à sua constituição, tratamento e cura. Com esse movimento, eles se afastavam da possibilidade de assumirem uma posição subjetiva diante de seus males. Porém, de uma forma curiosa, justamente o componente genético era tomado como laço identificatório que os unia a uma família, que os tornava parte integrante de uma história familiar, um elo entre o passado, uma vez que configurava o que haviam herdado de seus pais, e o futuro uma vez que significava o que legariam a seus filhos. Percebíamos aqui que nessa situação o recurso à hereditariedade permitia aos pacientes que eles aí pudessem se incluir como sujeitos no interior de uma cadeia afetiva e intergeracional.

Esses movimentos paradoxais nos pareceram importantes na medida em que apontavam para contradições que despertavam um grande interesse clínico. Principalmente porque pareciam apontar para uma região limítrofe entre o somático e o psíquico, entre o fisiológico e o psicológico, entre o soma e a sua representação psíquica, entre o campo da necessidade e o do desejo, entre o familiar e o singular, entre o dizível e o que ainda não se pode dizer. Razões pelas quais os discursos médico e psicanalítico os tangenciam, mas não os recobrem como um todo, e, em decorrência, encontrávamos tantas dificuldades de manejo clínico tanto psicanalítico quanto medicamentoso. Nossa decisão foi, então, a de tomarmos essa dificuldade como um desafio que nos incitou a produzir um aprofundamento teórico mais rigoroso que pudesse sustentar nossa prática clínica.

O próximo passo dado foi a abertura de uma pesquisa[2] sobre as relações estabelecidas entre o soma e a psique e como tais relações poderiam ser compreendidas desde o referencial da psicanálise. Para tal, o caminho que traçamos foi o de iniciarmos por Freud para organizar em seus textos o que poderia nos auxiliar em nossa questão para, posteriormente, enveredarmos por Winnicott e precisar em seus estudos sobre as questões psicossomáticas alguns elementos conceituais que nos ajudassem não apenas na compreensão teórica, mas, igualmente, na sua condução clínica. No presente trabalho, trazemos algumas conclusões provisórias e parciais a que pudemos chegar por meio de nossa pesquisa. Nele, destacaremos dois momentos distintos em que Freud, em nosso entender, se depara, na clínica, com ele-

[2] A pesquisa intitulada *Psicanálise e Corpo: reflexões sobre os fenômenos psicossomáticos a partir do trabalho clínico* vem sendo desenvolvida no âmbito do Laboratório de Psicanálise (UFPR) com a colaboração de alunos da graduação e da pós-graduação em Psicologia (UFPR).

mentos que apontam para a complexidade das relações soma/psique e assume um posicionamento genuíno. Tomaremos esses dois momentos como paradigmáticos no que concerne à clínica dos fenômenos psicossomáticos, ou seja, neles precisaremos os momentos em que Freud se depara com um material psíquico que não se restringe ao Inconsciente recalcado, merecendo, portanto, um manejo específico. Esse posicionamento paradigmático nos servirá de ponte para as considerações perpetradas por Winnicott e sua clínica paradoxal para as afecções que se expressam por meio da corporalidade que se torna, por seu turno, paradigma de um modo genuíno de operar na clínica.

A clínica por "desdobramento": neuroses atuais e psiconeuroses

Em nossos estudos, iniciamos por Freud e seus primeiros escritos nos quais ele se propôs a promover uma distinção nosográfica entre as neuroses baseando suas etiologias em um componente sexual. Fundamentando sua perspectiva, Freud partia da hipótese sobre a existência de um circuito adequado para o exercício da sexualidade, o qual, nas neuroses, encontraria formas "adoecidas" de se realizar. O desencadeamento de uma neurose, nesses termos, se daria ou pela dificuldade encontrada pelo sujeito em lidar com um conflito sexual de ordem moral, ou seja, um conflito relativo à esfera psíquica, ou por uma dificuldade em lidar com a energia sexual somática que, por razões específicas, falhava em completar o circuito sexual adequado (Freud, 1895 [1894]/1996; 1895/1996). Assim, entre as neuroses haveria dois grupos: as *psiconeuroses*, aquelas cuja etiologia se relaciona a um mecanismo de defesa diante da instauração de um conflito psíquico – histeria, neurose obsessiva e psicose alucinatória –, e as *neuroses atuais*, cuja etiologia é concebida como relacionada a uma questão puramente somática – neurastenia e neurose de angústia. Se as primeiras diziam respeito a uma construção que se estabelece ao longo da história de vida dos pacientes, as neuroses atuais se estabelecem na contemporaneidade da vida adulta e no exercício da sexualidade madura – em que ora a energia sexual somática se enfraquece não conseguindo alçar o limiar psíquico (neurose de angústia), ora encontra modos inadequados de obter a satisfação sexual (neurastenia).

Ou seja, de uma forma bastante interessante para nossos propósitos, percebemos que a primeira tentativa efetuada pelo autor na distinção etiológica das neuroses passava pelas questões somáticas e psíquicas, precisando tanto a complexidade de suas articulações quanto a indissociabilidade em suas proposições, o que, no entanto, não significava que houvesse a indicação sobre a ocorrência de uma identidade entre os dois registros.

Porém Freud encontra, na clínica, obstáculos à sustentação dessa hipótese baseada em termos fundamentalmente dualistas e dicotômicos em relação à distinção soma/psique. Primeiro, ele percebe que muito raramente (pra não dizer nunca) as neuroses se dão de forma pura. Há sempre uma implicação entre uma e outra de tal forma que, por exemplo, a neurose de angústia se liga constantemente à histeria e à neurose obsessiva, indicando que, em termos neuróticos, o que há é uma trama e não reduções (Freud, 1895/1996).

Em segundo lugar, Freud percebe que em termos temporais há algo a ser enfrentado, pois se ele postula que as neuroses atuais se referem à contemporaneidade da vida adulta, a clínica coloca em xeque essa linearidade, pois, muito frequentemente, a angústia de uma neurose de angústia é ponto de partida para a construção de uma fobia e, em desdobramento, de uma neurose obsessiva. Fica-se com a questão de se é possível pensar em uma sexualidade adulta desatrelada da sexualidade infantil situando uma crítica sobre a "atualidade" das neuroses atuais (Freud, 1895 [1894]/1996).

Em terceiro lugar, como compreender o movimento que permite a passagem de um plano energético quantitativo para uma dimensão qualitativa, o que se expressa de forma mais pura na emergência da angústia como quantidade energética que produz efeitos psíquicos e somáticos (Freud, 1895/1996)?

Destacamos os impasses acima pois, em nossa opinião, a superação deles por Freud implicou em um posicionamento genuíno a respeito de nossa problemática. Pois, como iremos observar em sua obra, o passo decisivo dado por ele foi o de romper com a lógica médica cartesiana, linear e dicotômica, e assumir um posicionamento tanto clínico quanto teórico específicos[3].

[3] Em outro momento, nos dedicamos a precisar que a construção do conceito de pulsão se apresenta como uma alternativa teórica perpetrada pelo autor para superar esses impasses. Ver: Pinheiro *et col.* (2009).

Para nossos propósitos, destacamos uma importante observação efetuada por Freud (1895/1996) em relação à clínica que ele vinha constituindo. Sendo esta elaborada para dar conta dos conflitos psíquicos, sua eficácia deveria se restringir às psiconeuroses (por tratar-se de um adoecimento psíquico) e não às neuroses atuais, posto que essas se referem a um adoecimento somático. Porém, pela experiência clínica, Freud faz uma importante observação: a psicoterapia não é de todo inócua às neuroses atuais. De forma interessante, essas também sofrem efeitos da psicoterapia. Afirma o autor que ao tratar uma histeria e permitir com isso que a paciente readquira um modo mais "adequado" de vivenciar sua sexualidade permite-se que sua neurose de angústia ceda um tanto.

Sobre esse posicionamento clínico freudiano sustentamos nossa hipótese de que o autor aponta, aqui, para uma relação especial entre o soma e a psique ao afirmar que os resultados obtidos na elaboração do conflito psíquico pela psicoterapia permitem ao paciente vivenciar, corporalmente, sua sexualidade de uma nova maneira e se sentir melhor de um padecimento cuja etiologia o autor supunha ser somática. Acreditamos que com esse posicionamento Freud insere a possibilidade de entendermos que a transformação promovida pela clínica se processe não exclusivamente por meio da elaboração e da simbolização dos elementos inconscientes e recalcados, mas, também, por efeitos "suplementares" com os quais ele não contava inicialmente, não precisava em termos teóricos e não manejava conscientemente em termos clínicos – mas que puderam ser, clinicamente, percebidos, observados e relatados pelos pacientes (Freud, 1895 [1894]/1996).

E mais, em nossa opinião tais movimentos apontavam para um espaço clínico que não se referia exatamente ao campo do Inconsciente, se organizando, portanto, a partir de uma outra lógica e necessitando ser melhor compreendido[4]. O mais importante, nos parece, é que aqui encontramos bases para podermos pensar, no texto freudiano, um posicionamento clí-

[4] Tal perspectiva nos parece rica quando mais adiante tomarmos as ideias winnicottianas sobre os adoecimentos psicossomáticos. Em outro momento nos dedicamos a essa questão. Ver: Vieira e Pinheiro (2008).

nico genuíno para adoecimentos que não se inscreviam nas psiconeuroses, mas que nem por isso precisariam ser negligenciados pela psicanálise.

A clínica por "construção": o caso do Homem dos Lobos

Segundo nossa perspectiva, Freud (1918 [1914]/1996) enfrenta, igualmente, a problemática clínica relativa a elementos psíquicos que não se referem exclusivamente ao material recalcado na condução do caso clínico conhecido como o *Homem dos Lobos*. Neste, diante do famoso sonho com os lobos, Freud e seu paciente são levados a um momento de constituição subjetiva bastante arcaico do paciente no qual o mesmo não dispunha ainda de recursos psíquicos que lhe permitissem compreender as situações que vivenciava.

No entanto, Freud aponta para o fato de que, embora não compreendidas, tais vivências não são perdidas. Elas deixam marcas, traços mnêmicos que serão retomados posteriormente de forma a serem inseridos nas cadeias psíquicas que vão se organizando paulatinamente ao longo dos anos. Ou seja, partindo do princípio de que, como afirma Freud, os modos primitivos de organização do material psíquico coexistem com os modos mais maduros, podemos afirmar, então, que eles persistem ao longo de nossas vidas.

O interessante para nossos questionamentos é que Freud, no caso específico do Homem dos Lobos, propõe que esse modo de armazenamento primitivo enlaça soma e psique. Isto porque, segundo o autor, as vivências são registradas em um nível quase corporal, deixando uma base, um estofo para que processos psíquicos mais maduros se estabeleçam progressivamente conforme a maturação psíquica se processe. Movimento que podemos observar, por exemplo, quando Freud alude que na cena primária o paciente defeca ao observar o coito dos pais. Em nossa opinião, encontramos aqui um movimento que diz respeito à constituição primitiva de um trilhamento soma psique que serve de base para que outras tramas organizadoras se estabeleçam subsequentemente. Esta é a razão para que ao longo do texto Freud nos apresente alguns momentos em que as questões intestinais são retomadas pelo paciente ao longo de sua vida. Em nossa opinião, esses movimentos se referem ao fato de que o paciente acopla aos trilhamentos psicossomáticos, efetuados durante o período em que ocorreu a cena primária, elementos simbólicos os quais são constituintes de sua neurose. Ou seja, se Freud pôde destacar, nesse caso, os elementos simbólicos em relação às questões intestinais de seu paciente, acreditamos que o texto nos traz, igualmente, importantes contribuições para pensarmos que as questões intestinais do paciente se configuram como pontos em que duas camadas de material psíquico se conectam. Em um plano, refere-se ao campo simbólico relativo à constituição neurótica. Em outro plano, diz respeito a uma camada limítrofe entre soma e psique. As questões intestinais se apresentam como ponto de entroncamento entre essas duas camadas na medida em que são retomadas, ao longo da vida do paciente, em momentos específicos, nos quais ele se encontra confrontado com questões existenciais diante das quais responde de modo arcaico: apresentando sangue nas fezes (pela via do engano se identificando com sua mãe), ou recorrendo aos enemas que o fazem defecar intensamente, com prazer, e obtendo, com isso, uma sensação de estar vivo[5].

O texto do Homem dos Lobos nos parece, então, singular para demarcarmos algumas questões importantes. Em primeiro lugar, o fato de Freud apontar a existência de um momento arcaico de subjetivação, anterior ao Édipo, o qual se organiza de um modo não simbólico, mas que, contudo, deixa marcas e trilhas a serem seguidas e retomadas. Em segundo lugar, Freud percebe que tal material, por sua especificidade, não se refere ao Inconsciente recalcado, se colocando, portanto, fora do alcance da interpretação como instrumento de transformação clínica. Em terceiro lugar, diante desse impasse clínico, Freud propõe uma saída: construir uma cena em torno da qual novas tramas narrativas possam ser constituídas. Ou seja, há uma especificidade clínica a ser destacada nessa proposta freudiana para lidar com um material que se mostra na interface entre o que há de somático e de psíquico, isto é, tomá-lo como ponto de estofo, como base, como fundamento a partir do que novas cadeias discursivas possam ser constituídas.

Em nossa opinião, embora a alternativa de manejo clínico proposta por Freud nesse caso se paute sobre a égide da linguagem e da simbolização, na

[5] Trabalhamos com esse tema em Pinheiro e Maia (2009).

medida em que recorre à construção de uma cena para que novas narrativas possam ser constituídas, ainda assim, nos parece importante destacar que aqui ele se debruça sobre elementos arcaicos da constituição subjetiva para os quais não há palavras ditas ou representações estabelecidas. Freud se depara aqui com o inusitado e não recua diante dele, mas se abre ao novo, ao inesperado, ao que ainda está para ser inscrito[6].

Em nosso ponto de vista, esses elementos arcaicos e o modo como podemos lidar com eles clinicamente são tomados de forma rigorosa por Winnicott e levados em conta na construção de seu modo original de condução do tratamento psicanalítico. Vejamos como.

A clínica pelo "holding": Winnicott e o psique-soma

É sobre essa temática aberta por Freud que, em nossa perspectiva, Winnicott nos auxilia enormemente a refletir. Não por acaso, ao lidar com pacientes extremamente regredidos os quais traziam para a clínica problematizações que não se concentravam em questões neuróticas, ele percebe que não estaria ali lidando com um material clínico relativo ao drama Edípico e suas resoluções, mas com um material que dizia respeito a um momento mais arcaico da constituição psíquica, relativo aos primórdios da organização subjetiva. Motivo pelo qual suas elaborações teóricas recaírem, predominantemente, mas não exclusivamente, sobre esses movimentos inaugurais da subjetividade, nos quais o autor assenta sua estratégia clínica.

Nesse sentido, Winnicott (1989, 2000) parte do princípio de que existe no bebê humano um potencial para o amadurecimento que, ao encontrar no ambiente provisões para tal, pode se realizar. No estado inicial da vida, no qual a dependência ao ambiente é absoluta, há, segundo o autor, por um lado um bebê premido pelas exigências da vida e, por outro, um ambiente desejoso por satisfazê-las. Desse encontro experiências de satisfações podem ser alcançadas, fundando e marcando um solo de experimentações e vivências que ao serem integradas for-

6 Freud retoma a questão das construções como instrumento clínico mais tarde em sua obra. Ver: Freud (1937/1996).

jam a constituição da psique em suas relações mais estreitas ao soma. A conquista de uma existência psicossomática como fruto desses movimentos se constitui como fundamental para as conquistas emocionais futuras, as quais dependem do exercício das funções maternas. Nesse contexto, o autor destaca como funções maternas o *handling* (cuidados com o corpo), a apresentação de objetos (cuja recorrência permite que o bebê possa efetivar a criação dos objetos subjetivos) e o *holding* (segurar o bebê com segurança, fundando o campo da ilusão e da confiança necessário à existência psicossomática). Em relação ao *holding*, Winnicott (1983) destaca que seu exercício se funda na possibilidade de a mãe se identificar ao seu bebê e com isso perceber quais são as suas necessidades e como as deve satisfazer, qual seu tempo, seu ritmo, sua intensidade, suas modulações. Essa adaptação ativa às necessidades do bebê permite que os cuidados maternos se processem de uma forma segura, que sustente a vida do bebê. Estamos aqui tratando, pois, de algo que se relaciona com a possibilidade de Ser, inicialmente somático e gradualmente psíquico, que é assegurada pelo *holding* materno. O *holding* funciona, então, como uma sustentação à continuidade-do-ser, como um suporte à unidade psique-soma, como uma proteção contra a possibilidade de quebras no *continuum* do viver. Ressaltamos aqui que, ao exercer o *holding* como função, a mãe/ambiente, nesses momentos, permite que o bebê se integre e se entregue ao indiferenciado sem se surpreender, se assustar ou ser invadido pelo ambiente. Ou seja, por breves momentos mãe/ambiente/bebê se fundem, se integram, se indiferenciam para que o viver seja assegurado e sustentado. Necessidades satisfeitas e apaziguadas, tensões amainadas, o bebê vive singularmente, pois as necessidades são suas marcas particulares que guiam o cuidado materno, diferenciando-os. Respeita-se, portanto, o tempo, o lugar, a intensidade. Cria-se um ritmo, concede-se uma temporalidade e uma espacialidade para que o processo *natural* de amadurecimento afetivo se realize. Com segurança e confiança. Pontos de inícios que se reatualizam ao longo de toda existência[7].

---

[7] Trabalhamos com esses elementos em Brezolin e Pinheiro (2010).

É essa função materna – *holding* – que assegura ao bebê, para Winnicott (1990), a possibilidade de alcançar uma unidade psique-somática, pois, se há uma tendência natural ao seu alcance, tal tendência não garante a sua consequência e essa tem que ser conquistada. O cuidado oferecido pela mãe ao recém-nascido possibilita, segundo o autor, uma elaboração imaginativa das funções corporais por parte da criança. Assim gradualmente o bebê passa a integrar as suas experimentações corporais, a partir do que sua psique é forjada, resultando na conquista da vivência pessoal de habitar o próprio corpo, o que constitui sua unidade psicossomática. Tal unidade, por constituir-se como uma malha, se apresenta constantemente aberta a novas configurações e abalos, ou seja, no pensamento winnicottiano, unidade comporta o múltiplo de forma que há que se levar em conta, na concepção de psique-soma, o hífen como índice tanto do que une quanto separa esses dois registros (ver Loparic, 2000). Parece-nos que, aqui, Winnicott retoma a ideia freudiana contida no conceito de pulsão ao propor uma indissociabilidade entre o corpo e a psique que, no entanto, não significa uma identidade.

Quanto a esses movimentos fundamentais do desenvolvimento emocional primitivo, Winnicott (1990) alicerça sua concepção sobre o adoecimento psicossomático, entendendo-o como um conjunto de defesas efetivado tanto contra o perigo da integração soma/psique e a ameaça de aniquilamento daí proveniente quanto contra a possibilidade de cisão entre ambos. Nesse sentido, se há uma tendência herdada por cada pessoa de se desenvolver em direção a uma unidade entre a psique e o soma, o autor considera o distúrbio psicossomático como o negativo de um positivo. Isto é, o padecimento encontrado nesses casos consistiria no modo de o corpo se mostrar presente na vida do paciente de forma a impedir que a integração psique-soma se faça ou se desfaça completamente. Nota-se que a abordagem winnicottiana dos fenômenos psicossomáticos enfatiza antes um exame da integração psicossomática que uma classificação dos quadros clínicos que deveriam ser tomados como tal.

Para Winnicott (1990) não é o estado clínico em termos de uma patologia somática (p. ex. colite, asma, eczema crônico, alergias) que deve ser considerado como o transtorno psicossomático, mas sim a persistência de uma relação abalada entre a psique e o soma no processo de amadurecimento subjetivo de uma pessoa. Ou seja, o que importa aqui é o modo como a corporalidade é vivenciada e não a patologia em si (ver Vieira & Pinheiro, 2008). O importante, aqui, é precisar que tais movimentos estarão presentes, portanto, em nossa clínica cotidiana posto não se referirem exclusivamente a um tipo de adoecimento, mas aos modos de relacionamento, em constante mutação, entre soma e psique em todos nós. Modos que se reatualizam ao longo de nossa existência e que, portanto, se apresentam constantes na clínica, necessitando nossa atenção e disponibilidade de escuta.

Reflexões

Iniciamos a presente comunicação nos referindo ao encontro com patologias que traziam uma questão referente a processos que nos parecem relacionados a um campo limítrofe entre o somático e o psíquico comumente encontrada na clínica ambulatorial hospitalar. A dificuldade de manejo clínico encontrada, tanto pela medicina como pela psicanálise, dessas afecções que se expressam por meio da corporeidade, porém distintas dos fenômenos histéricos, nos levou ao interesse em aprofundar nossos conhecimentos teóricos em prol de uma clínica mais adequada. Para tal, o recurso às teorizações de Freud e Winnicott foi tomado como via de acesso a nossa problemática por serem esses autores aqueles que vêm, ao longo dos anos, nos orientando no exercício de nossa clínica cotidiana. Razão pela qual a abertura de uma pesquisa teórica, empreendida no âmbito universitário, foi feita e vem sendo desenvolvida com a colaboração de alunos tanto da graduação quanto da pós-graduação em psicologia de nossa universidade.

Os resultados apresentados no presente estudo, portanto, configuram-se ainda como parciais e provisórios, uma vez que a pesquisa continua em andamento. Sendo assim, o que podemos afirmar, por enquanto, é que as considerações destacadas em nossos estudos apontam, tanto em Freud quanto em Winnicott, que devemos tomar os modos de expressão das relações soma e psique como intensos e múltiplos. Em ambos encontramos noções que fundamentam o campo teórico dessas relações nos primórdios da constituição subjetiva assim como a possibilidade de reatualização de seus modos de operar ao longo da existência sob uma lógica que aponta para uma temporalidade especial: não desenvolvimentista, não linear, que escapa à bitemporalidade neurótica e se perpetua na atemporalidade (ver Vieira & Pinheiro, 2008).

Acrescentamos que essas considerações apontam, tanto em Freud quanto em Winnicott, para o estabelecimento de limites tanto para a compreensão teórica quanto para a instrumentalização clínica que possamos alcançar. O interessante é que podemos perceber, paradoxalmente, que esse limite determinou impasses clínicos diante dos quais tanto Freud quanto Winnicott não se detiveram e propuseram, cada um a seu modo, alternativas distintas para ultrapassá-lo. Em Freud, pudemos destacar dois posicionamentos clínicos específicos: inicialmente, diante da inadequação de seu método de tratamento desenvolvido para as psiconeuroses para lidar com as neuroses atuais, as quais possuíam uma etiologia supostamente somática, o autor percebe que há um efeito por "desdobramento" efetuado pela simbolização do conflito neurótico. Esse efeito por desdobramento foi tomado em nossas considerações como um indicativo de que Freud aponta aqui para o fato de que nem tudo na clínica se reduz ao material inconsciente recalcado e à interpretação do conflito. Ou seja, há também um ganho existencial obtido a partir da psicoterapia no momento em que o paciente consegue viver sua "corporeidade" sexual de forma mais intensa.

Em um segundo momento, destacamos que Freud enfrenta a mesma problemática no caso clínico do Homem dos Lobos, em que, diante de elementos clínicos que apontam para um momento de constituição subjetiva arcaico no qual o paciente ainda não dispunha de recursos psíquicos para com eles lidar de forma organizada, Freud lança mão de uma alternativa clínica, a saber, a "construção" como instrumento clínico que permite o alicerce de um ponto de estofo ao redor do qual narrativas discursivas podem ser constituídas, apontando, talvez, para um privilégio dado pelo autor ao campo da linguagem como organizador da subjetividade.

Esses posicionamentos clínicos freudianos foram tomados como paradigmáticos no exercício da clínica psicanalítica e nos serviram de ponte para as considerações alicerçadas por Winnicott para lidar com os mesmos elementos, entendidos aqui como fronteiriços entre o soma e a psique. Assim, destacamos que, por seu turno, Winnicott, baseando-se em sua perspectiva sobre o desenvolvimento afetivo, insere o *holding* como instrumento clínico na medida em que este reatualiza no espaço analítico uma das funções maternas primordiais, exercida para lidar com partes do bebê ainda não integradas à psique. Consideramos, portanto, o *holding* como um instrumento clínico singular para lidar com elementos psíquicos/somáticos específicos e que só faz sentido quando inserido na perspectiva constituída por Winnicott sobre o desenvolvimento emocional humano. Nessa perspectiva, o *holding* não se refere, portanto, a uma estratégia que vise permitir uma tradução em palavras de algo, pois visa permitir um modo de vivenciar corporalmente sensações e experimentações. Em nossa opinião, portanto, Winnicott, com esse posicionamento original, centraliza suas considerações no primado da afetividade e não da linguagem.

Gostaríamos de frisar em nossas reflexões que ambos os autores nos fornecem sustentação para pensarmos que não apenas nos casos severamente adoecidos, como aqueles que encontramos no hospital, a unidade psicossomática, destacada por Winnicott, está presente. Em todas as pessoas ela está atuante durante a existência, tornando necessário que em nossa clínica cotidiana estejamos sempre atentos aos seus movimentos e prontos para poder acolhê-los (*holds*).

O que gostaríamos de destacar é a abertura de uma perspectiva clínica que inclui o acolhimento (*holding*) como instrumento para lidar com um material arcaico que se encontra nas fronteiras entre o somático e o psíquico e diante do qual a interpretação não só se apresenta como ineficiente mas, também, inadequada e invasiva (como já nos apontava o texto freudiano). Nosso objetivo com essa postura é que se torne possível oferecermos uma escuta clínica especifica que possa abrir as portas para novas formas de viver nas quais não seja necessário o padecer pelo corpo. Pois, se, como observamos no início de nossas argumentações, o adoecimento somático de nossos pacientes cumpria determinadas funções, como a de permitir que o paciente se sentisse membro de uma família, ainda nos resta a dúvida sobre por que tal função precisa ser exercida pela via do sofrimento e do adoecimento. Essa é a questão que se abre e que pretendemos sobre ela nos debruçarmos em uma próxima oportunidade.

Referências

Brezolin, R. L. & Pinheiro, N. N. B. (2010). *Construção, interpretação e holding: reflexões a parir de um acontecer clínico.* In: XV Colóquio Internacional Winnicott – O verdadeiro e falso si-mesmo – Sociedade Brasileira de Psicanálise Winnicottiana – PUC-SP, 18/20 de maio.

Freud, S. (1895/1996). A psicoterapia da histeria. *Obras completas, ESB*, v. II. Rio de Janeiro: Imago.

Freud, S. (1895 [1894]/1996). Sobre os fundamentos para destacar da neurastenia uma síndrome específica denominada neurose de angústia. *Obras completas, ESB*, v. III. Rio de Janeiro: Imago.

Freud, S. (1918 [1914]/1996). História de uma neurose infantil. *Obras completas, ESB*, v. XVII. Rio de Janeiro: Imago.

Freud, S. (1937/1996). Construção em análise. *Obras completas, ESB*, v. XXII. Rio de Janeiro: Imago.

Loparic, Z. (2000). O animal humano. *Revista Natureza Humana*, *2*(3), 351-397.

Maia, M. V. & Pinheiro, N. N. B. (2010). Trauma intensidade e temporalidade: reflexões teórico/clínicas a partir de Freud e Winnicott. *Anais do V Encontro Brasileiro sobre o pensamento de Winnicott.* Porto Alegre: Sociedade Brasileira de Psicanálise.

Pinheiro, N. N. B. (2003). *Uma casa com paredes de Cristal: a clínica psicanalítica no ambulatório hospitalar.* Tese (Doutorado em Psicologia Clínica) – Departamento de Psicologia, Pontifícia Universidade Católica do Rio de Janeiro, Rio de Janeiro. 197 p.

Pinheiro, N. N. B. & Maia, M. V. (2009). Histeria de angústia ou afecção psicossomática? Algumas considerações sobre o caso clínico do Homem dos Lobos. In: XIV Coloquio Winnicott Internacional – O psíquico, o mental e o simbólico. São Paulo: Sociedade winnicottiana de psicanálise.

Pinheiro, N. N. B. *et col.* (2009). Corpo/psique e pulsão: reflexões clínicas a partir do primeiro Freud. *Revista Polêmica*, *8*(4), 32-43.

Vieira, G. S. & Pinheiro, N. N. B. (2008). Considerações teórico/clínicas sobre a angústia e a integração psique-soma em Freud e Winnicott. *Revista eletrônica Winnicott e-prints*, *3*(½),61 72.

Winnicott, D. W. (1983). *O ambiente e os processos de maturação.* Porto Alegre: Artes Médicas.

Winnicott, D. W. (1989). *Explorações psicanalíticas.* Porto Alegre. Artes Médicas.

Winnicott, D. W. (1990). *Natureza humana.* Rio de Janeiro: Imago.

Winnicott, D. W. (2000). *Da pediatria à psicanálise.* Rio de Janeiro: Imago.

Da descrição dos sintomas às entidades nosológicas em psiquiatria: traços de um percurso

Ademir Pacelli Ferreira*

A partir da modernidade a medicina conquistou a hegemonia das práticas de cura, inclusive no campo dos padecimentos psíquicos, ao constituir a disciplina da *medicina da alma* ou psiquiatria. Para tal, buscou nos paradigmas científicos das ciências naturais a sua referência de sustentação, esforçando-se para expurgar as influências metafísicas, místicas e mágico-religiosas. Este esforço de objetividade como critério de ciência hoje se expressa principalmente na referência do biotecnicismo, que reduz o conceito de doença aos substratos biológicos e conduz a prática de cuidados em saúde a uma divisão em sua integralidade, que envolve a terapêutica, a pesquisa e o ensino.

Na clínica psiquiátrica, que nasceu da medicina e da prática dos médicos nos hospícios, o respaldo da natureza ou do biológico foi sempre buscado, pois a medicina portava a racionalidade científica e a psicologia ainda habitava o seio da filosofia. Portanto, apesar do significante *psique* e do encontro com a psicologia para a criação da psicopatologia e

* Professor Adjunto na Graduação e no Programa de Pós-Graduação em Psicanálise do IP-UERJ – Instituto de Psicologia da Universidade Estadual do Rio de Janeiro. Procientista.

da nosologia, houve uma divisão entre a observação e a descrição clínica. Descrições psicológicas e explicações de possível etiologia orgânica. Esta tensão foi decorrente principalmente do estabelecimento do paradigma mental, geralmente assimilado ao cerebral ou ao nervoso. Uma tensão que se derivou do dualismo mente-corpo, do lugar reservado ao doente mental na sociedade moderna (os asilos ou hospícios) e da atribuição dada à medicina de ordenar este caos. O sistema de classificação das doenças resultou deste esforço de ordenação, mas observa-se uma tensão na passagem da experiência singular com o paciente para a categorização de seu diagnóstico, segundo os parâmetros dos códigos internacionais das doenças (CID-10 e DSM-IV). Portanto, torna-se relevante investigar e confrontar os paradigmas e sistemas formais com a prática singular da clínica no campo da saúde mental, para que seja possível sustentar uma práxis do sujeito humano sem excluir a sua subjetividade.

No final do século XVIII a clínica médica havia desenvolvido a sua semiologia e o seu método terapêutico na relação direta com o paciente, já o hospício exigiu do médico uma função mais administrativa do que clínica. Neste sentido, a nomenclatura e a nosografia dos distúrbios mentais passaram a ter como função central a ordenação da polissemia asilar ao invés da preocupação com a clínica ou com os processos subjetivos.

Mas para criar uma medicina do mental, em que a prática de curar é o princípio da ética médica, tornou-se necessário pensar o diagnóstico e, para se chegar ao diagnóstico, há que se dispor de uma nosografia e de uma nosologia. Para tal, recorreu-se aos modelos e referências disponíveis: dos médicos filósofos gregos, dos filósofos-psicólogos, da medicina psicológica, do cérebro e, finalmente, das neurociências. Percurso histórico este cavado na insistente busca de um modelo médico para respaldar a disciplina psiquiátrica e a sua clínica. Mas para classificar as perturbações psíquicas como doenças era necessário estabelecer a sua etiopatogenia. Esta exigência continua na prática clínica até os dias de hoje, quando o clínico passa da relação com o paciente para a tentativa de classificá-lo segundo as categorias nosológicas.

Portanto, esta tensão de sustentar a prática no campo das enfermidades mentais a partir do modelo médico é o ponto de partida da reflexão ora proposta. Este modelo exige que, para o diagnóstico final, além da delimitação da síndrome inicial, se tenha que chegar ao diagnóstico nosológico. Isto é, categorizar o quadro dentro de uma entidade nosológica ou enfermidade, que deveria, por sua vez, explicar e justificar as manifestações fenomênicas ou sintomatológicas apresentadas pelo paciente.

Um campo de práticas e de constituição de saberes clínico-psicopatológicos

Neste percurso de análise procuramos fixar alguns cortes arbitrários de momentos históricos da construção do campo psicopatológico e psiquiátrico. São elementos da história conceitual que exporemos na forma ainda sucinta, pois são objetos de reflexão constante em nossa práxis de ensino e intervenção no campo da clínica em saúde mental.

A práxis na instituição psiquiátrica hoje pode ser vista como campo de partilha onde se desenvolve a clínica plural ou *feita por muitos* (Miller, citado por Zenoni, 2000). Mas, quando os médicos entraram no asilo, este era um lugar insólito para a medicina, onde o seu saber de nada valia. Acossados pelo real, pelo trágico e pelo dramático do *pathos* e ao mesmo tempo sustentados por um lugar de saber, coube aos médicos buscar recursos em outros saberes para determinarem a loucura como doença. Se a práxis é concebida como possibilidade de tratar o real pelo simbólico (Lacan, 1964/1985), podemos ver no esforço da clínica clássica uma tentativa de dar visibilidade, através da escrita e da narração, a estas experiências psicopatológicas. A realidade é a matéria-prima, a linguagem é o modo como vou buscá-la, como afirma Coutinho Jorge com Lispector (Jorge, 2005).

Os alienistas, a racionalidade médico-filosófica e a alienação mental

Philippe Pinel é considerado o libertador dos loucos e o pai da psiquiatria moderna. A entrada de Pinel, um médico imbuído do espírito humanista e da perspectiva iluminista, no asilo foi confrontada com a visão de um antro de obscuridade. Um espaço sombrio, fechado, miserável e promíscuo, sem nenhum brilho das luzes da ciência (Lelord, 2000). Ao entrar em Bicêtre, em 1793, sua primeira preocupação foi utilizar um método que pudesse separar os loucos dos não loucos. Seguindo os preceitos médicos, sua segunda tarefa ou empenho foi no sentido de poder tratar estes *seres cuja razão havia desviado* de suas sendas. Desta preocupação nasceu o chamado *tratamento moral* (Pinel, 1801/2004); Pereira, 2004). Para Pinel a loucura era da ordem do mental e este, tal como o moral, seria da ordem do que não é físico – *não sujeito às leis da mecânica.* O moral referia-se à *ordem dos deveres*, do "como deve ser: o pensar adequado, o sentir apropriado, a vontade racionalmente dirigida" (Serpa Jr., 2004, p. 111).

As categorias de espécies de loucuras estabelecidas por Pinel são bastante limitadas. Ele basicamente reeditou a classificação criada por Cullen em 1782 (Pessotti, 1999), mas fundou-se a possibilidade de estudar e categorizar a loucura a partir do espaço delimitado do hospício. Este espaço também foi estabelecido por lei como sendo o lugar *natural* para resolver os problemas do louco no meio urbano, ou seja, excluí-lo da circulação. Por esta função social, apesar do esforço de alguns alienistas, os hospícios transformaram-se em lugares de miséria e suplícios com verdadeira maquinaria de tentar domar os corpos (Freminville, 1977).

Os clássicos e o desdobramento dos quadros descritivos

Com o empenho dos médicos em descrever minuciosamente os sintomas, as vivências e experiências dos doentes, buscando desvelar os diferentes tipos de enfermidades a partir da sua modelação descritiva, a psiquiatria francesa do século XIX produziu uma grande proliferação de gêneros, espécies e subespécies de quadros mórbidos. Neste sentido, o método clínico descritivo predominou na constituição do *alienismo* (Foucault, 1977). Esta *topografia anímica*, construída para ser o substituto da anatomopatologia no campo das enfermidades mentais, foi sistematicamente desenvolvida na França até o final do Século XIX pelos *médicos-psicólogos*[8]. Podemos entendê-la como uma opção frente ao pessimismo do método anatomopatológico que surgiu como modelo para a medicina no final do século XVIII (Foucault, 1977) e que, apesar de esclarecer algumas perturbações focais,

[8] Em 1843 foi criada a Société Médico-Psychologique em Paris e os Annales Médico-Psychologiques (Berrios, 1999 e Dalgalarrondo, 1996), acontecimento fundamental para a constituição da clínica descritiva sistematizada pela tradição francesa e para caracterizar os médicos dessa época como médicos-psicólogos.

não trouxe muito auxílio para o entendimento e para a terapêutica das doenças psíquicas. Neste sentido, esta *disciplina da alma* nunca se sentiu muito bem na casa da medicina, principalmente por não estar sustentada na referência etiológica.

Portanto, se uma clínica descritiva havia sido estabelecida a partir de uma prática clínica centrada na atenção cuidadosa ao enfermo, captando toda a sua riqueza sintomatológica, este modelo, por outro lado, não satisfazia as novas exigências classificatórias do modelo médico. A tensão resultante deste dilema foi aguçada com o surgimento da classificação de Morel em 1860 (Serpa Jr., 1998; Pessotti, 1999) e sua referência central na ideia de degenerescência. Ao criar o conceito de Demência Precoce como sendo uma enfermidade degenerativa, Morel fincava um esteio organicista que servia ao mesmo tempo ao espírito científico da época e à exigência de materialidade estabelecida pela medicina. Apesar de ser uma categoria sem condições de sustentação epistemológica e mesmo contradita pela observação clínica, ganhou força e atravessou o século (Serpa Jr., 1998) em discussões polêmicas e controvertidas.

Em 1860, a Société Médico-Psychologique tentou responder a esta tensão sustentando um debate com os criadores e defensores do método descritivo e com os novos defensores do método etiológico de Morel (Berrios, 1999; Pessotti, 1999). Os primeiros afirmavam que o conjunto descritivo poderia orientar a prática do psiquiatra e não consideravam que mania, monomania, melancolia e demência fossem espécies naturais de doenças mentais e sim arranjos provisórios de sintomas. Os segundos afirmavam que *descrever não é classificar*. Defendiam, portanto, a necessidade de buscar o referencial da patogênese das doenças mentais. Se o objetivo do médico é tratar as doenças, este deveria conhecer as suas causas. Estas causas estariam evidentemente no orgânico (hereditariedade, predisposição) (Berrios, 1999).

Constituição das entidades nosológicas e o nascimento da psiquiatria clínica

Como afirmamos anteriormente, na construção histórica da psiquiatria como disciplina médica, através da criação e ordenação das chamadas doenças mentais pelos médicos, observamos a presença constante de uma tensão envolvendo as causas físicas e psíquicas ou mentais. Para analisar alguns elementos desta tensão e as tentativas teóricas que os médicos procuraram elaborar para responder à demanda que a modernidade fez à medicina, ou seja, trazer para o campo da loucura a sua racionalidade, escolhemos dois importantes nomes da tradição clássica da corrente francesa, Jean-Pierre Falret e Charles Lasègue. Para fazer a passagem à criação da chamada psiquiatria clínica e moderna, apresentaremos alguns elementos da obra de Kraepelin, considerado o criador desta nova disciplina.

Iniciaremos com Falret, que expôs com clareza, em sua trajetória de estudioso e clínico (Falret, 1864/2010; Bercherie, 1989; Pereira, 2002 e Ramos, 2010), como enfrentou os dilemas de uma disciplina que se pretendia médica, mas que não dispunha de um corpo nosológico. Para tentar superar esta precariedade, Falret se empenhou em buscar subsídios teórico-metodológicos para separar e descrever enfermidades específicas e não apenas os *aglomerados de sintomas* que até então compunham a categoria geral de alienação mental. Esta composta basicamente pela mania e pela monomania, que foram herdadas de seus mestres Philippe Pinel e Esquirol.

A clínica e o ensino de Falret: busca de paradigmas

Bercherie, cuja tese foi publicada com o título *Os fundamentos da clínica: história e estrutura do saber psiquiátrico* (1989), foi responsável pelo resgate de um século de construção do saber psiquiátrico. Esta obra síntese teve impacto ao trazer até nós a rica tradição da clínica clássica e os esforços desta na constituição de uma disciplina médica completa: sintomatologia, nosologia, diagnóstico, prognóstico e tratamento. Nesta obra, Falret ganha destaque como sendo aquele que inaugurou a era da *grande psiquiatria clássica*. Bercherie o caracteriza como sendo um daqueles homens que, *de tanto procurarem a ideia nova, acabam, no fim da vida, por encontrá-la*.

Lanteri-Laura (citado por Ferrari & Laia, 2009) propõe três paradigmas para compor a história de constituição da psiquiatria: *alienação mental, enfermidades mentais e grandes estruturas*. Estes paradigmas compreendem a análise de um período entre 1793, com Pinel, e 1977, com a morte de Henri Ey, o grande psiquiatra francês que se esforçou para criar um sistema que englobasse toda a psiquiatria, no qual a psicanálise teve a sua participação. O primeiro paradigma ganhou estatuto médico com Pinel e Esquirol. Já o segundo, das *enfermidades mentais*, é atribuído a Falret, que se contrapôs à noção de alienação mental como enfermidade única.

Insatisfeito com o método descritivo predominante, Falret (1794-1870) engajou-se na perspectiva da anatomopatologia, que ganhava força na época. Esta posição partia do pressuposto de que havia doenças mentais e que seria possível conhecer as suas causas, já que estas estariam presentes na arquitetura orgânica. A tarefa cientifica do médico era "investigar rigorosamente o cérebro dos alienados, na esperança de demonstrar as alterações anatômicas supostamente responsáveis pelos processos psicopatológicos" (Pereira, 2002). Mas este caminho não foi profícuo. Falret concluiu que não era possível encontrar as causas específicas da doença mental na anatomia. Voltou-se, então, para o método clínico, que predominava entre os componentes da Associação Médico-Psicológica francesa, e decidiu estudar as teorias psicológicas dos filósofos psicólogos do século XIX na tentativa de explicar os distúrbios mentais, já que as determinações das lesões cerebrais implicadas no adoecimento mental não eram suficientes para explicar as expressões psíquicas da loucura.

A tentativa de conhecer as doenças através da descrição minuciosa da sintomatologia e de elaborar uma nosologia a partir da especificidade dos sintomas não era aceita por Falret. Tornou-se crítico desta perspectiva (Pessotti, 1995) e caracterizava os médicos que se dedicavam a escutar e descrever as produções dos pacientes como *secretários do alienado.* Lacan encontrou nesta expressão uma maneira adequada para entender o lugar e a função do terapeuta junto ao sujeito psicótico, positivando, desta forma, uma função desqualificada por Falret.

Ao se frustrar com esta segunda via de investigação e perspectiva teórica, Falret retornou à visão organicista, compondo uma visão que sustentava uma etiologia orgânica básica para as doenças mentais, mas numa relação mente-corpo. Como aparece em sua caracterização,

> Falret [...] explica a sua proposição de uma natureza dualista do homem através da interação do corpo e da alma, tanto nas condições saudáveis quanto nas patológicas [...]. Da interação da alma com a doença surgiria algo particular, um *novum*

> *organon*, e da expressão deste *novum organon* surgiriam as perturbações da alma e as doenças mentais, respectivamente. Estas não deveriam ser tratadas apenas somaticamente, mas principalmente psiquicamente, através do procedimento chamado moral[9] (<www.universalis.fr>, versão do inglês pelo autor).

Para sintetizar a *biografia intelectual* de Falret com Bercherie, temos que o seu primeiro empreendimento representou um *anatomismo militante* cujo esforço era embalado pela crença firme de encontrar no cérebro ou em suas membranas as lesões responsáveis por todas as doenças mentais. Seu esforço levou-o a concluir que essas lesões não bastavam para explicar os fenômenos psicopatológicos. Num segundo tempo, investe então no estudo e na pesquisa das correntes psicológicas (escola escocesa) para observar sistematicamente as lesões das faculdades mentais (memória, julgamento, abstração, associação das ideias) e esclarecê-las através da fisiologia.

Depois de quinze anos, ele chega a uma crítica deste percurso metodológico, segundo ele *um trabalho de abstração, sem resultado prático*. Agora, na *maturidade*, engajou-se no terceiro período, que ele caracterizou como *clínico*. Postula a necessidade metodológica de centrar-se no *estudo dos estados psíquicos complexos tal como eles existem na natureza* e não cindi-los em função de teorias psicológicas preconcebidas (Falret, 1864/2010; Bercherie, 1989).

Através deste novo posicionamento, propôs *observar tanto os fatos negativos quanto os fatos positivos, as lacunas, omissões e ausência de manifestações, ao mesmo tempo que os atos consumados ou as palavras pronunciadas* (Falret, 1864/2010; Bercherie, 1989). O alienista não deveria reduzir o seu papel ao de *secretário dos doentes*. Deveria pesquisar os sintomas tanto na ordem física quanto na moral. Finalmente ele afirma que era preciso *observar a marcha da doença, as diversas fases que esta atravessa e as oscilações e as alternativas que apresenta* (Falret, 1864/2010; Bercherie, 1989). Esta perspectiva metodológica tornou-se importante para que ele pudesse observar e descrever a sua *loucura circular* (Pereira, 2004; Bercherie, 1989).

Mas a visão da determinação orgânica de Falret é bem mais complexa e não se limita à ideia de uma relação direta causa-efeito, como aparece

[9] Distrações, disciplina e higiene, postulados por Georget (Bercherie, 1989, p.106).

em Skae (Pessotti, 1994), por exemplo. Em sua concepção, haveria alteração orgânica como determinante da doença mental, mas as manifestações sintomatológicas não eram produzidas de forma direta pela lesão (Falret, 1864/2010). Como afirma Pereira, "tratar-se-ia, antes, de um fundo mórbido, sobre o qual se instala a dialética própria ao psiquismo de cada indivíduo" (Pereira, 2004). Há nesta visão uma aproximação de Griesinger, o alienista alemão considerado o primeiro organicista, que concebeu a doença mental como doença cerebral. Esta organicidade é caracterizada como uma "modificação orgânica primária, desconhecida em sua essência, mas apreensível em seus efeitos". Estas "modificações sutis criariam uma aptidão para delirar" (Bercherie, 1989, p. 95).

Através da psicologia, Falret entendeu o complexo funcionamento das faculdades mentais, em que "a ideia gera a ideia e o sentimento, o sentimento, num desdobramento infinito. O delírio seguiria leis próprias em seu desenvolvimento [...] um trabalho da função sobre ela mesma" (Bercherie, 1989, p. 95). Como assinala Bercherie, essa concepção *dialética* permitiu-lhe entender a possibilidade do tratamento moral e afirmar a sua eficácia. Estes efeitos terapêuticos seriam decorrentes do apoio da parte sadia do psiquismo que ajudaria na luta contra a invasão delirante. O processo mórbido foi descrito em três etapas, fase de incubação (frenalgia inicial de Guislain), a aptidão para delirar (talvez o que mais tarde foi denominado de humor delirante de Jaspers) e a fase de sistematização, em que

> o distúrbio vago e generalizado das faculdades intelectuais e afetivas [era] formulado ou encarnado em algumas séries de ideias determinadas através de uma elaboração contínua e perseverante; e a última fase, em que o delírio, já estereotipado e imutável, tornava-se doravante incurável (Falret, 1864/2010, p. 95).

Segundo Bercherie, o estabelecimento do referencial evolutivo no estudo da enfermidade representou a inauguração do método de descrição e classificação de Falret, método este que ele julgou mais útil do que "o estudo bastante superficial dos temas delirantes ou das faculdades afetadas, o que o aproximou da nosologia de Griesinger" (Bercherie, 1989, p. 95).

A sua dedicação e interesse no aprofundamento do método clínico como instrumento de investigação em psicopatologia levou-o a aperfeiçoar a metodologia da observação clínica e do ensino desta. Foi o criador do modelo de apresentação de pacientes, mantido no ensino de psiquiatria até os dias de hoje (<www.Javascript.history.go>; Ferreira, 2002, 2009). Seu método de investigação clínica levava em conta a complexidade dos fatos psíquicos, o que deveria ser estudado na realidade da existência do paciente.

Nesta perspectiva, Falret enfatizou a importância de observar a doença longitudinalmente, em sua evolução ao longo de diferentes etapas, o que diferia da posição mais corrente de observar o aqui e agora. A partir desta atenção à evolução da doença, foi possível a ele precisar a unidade do quadro de depressão e mania. Ao acompanhar a marcha desta enfermidade no tempo, pôde constatar a alternância das fases, já que não se fixava nas manifestações maníacas ou depressivas (Pereira, 2002).

Dentre os psiquiatras do século XIX, Falret teve seu nome mais definitivamente marcado por sua concepção da loucura circular apresentada em 1854, loucura que se caracterizava pela "evolução sucessiva e regular do estado maníaco, do estado melancólico e de um intervalo lúcido mais ou menos prolongado" (Falret, 1864/2010, p. 103). Na mesma época, antecedendo a apresentação de Falret na Academia de Medicina, Baillarger propôs o termo loucura de dupla forma, que era caracterizada por dois períodos regulares, um de depressão e o outro de excitação, para as condições clínicas parecidas com as descrita por Falret, o que criou controvérsias sobre a paternidade desta forma clínica. Mas a perspectiva deste representou o passo decisivo na constituição de uma entidade unificadora desses quadros de alterações afetivas ou do humor (Pereira, 2002).

Na perspectiva de passagem da fenomenologia dos sintomas e composição de síndromes à nosologia psiquiátrica, Falret caminhou mais longe ao apresentar os critérios mais rigorosos para demonstrar que se tratava de uma entidade clínica e não simplesmente de uma síndrome ou conjunto de descrições gerais de uma sintomatologia específica. Ao destacar a loucura circular do bojo das monomanias, ele avançava para uma nova posição em psiquiatria, que veio a ser coroada mais tarde por Kraepelin ao estabelecer uma classificação nosológica das doenças mentais. Nosologia esta que visava à universalidade, baseada na concepção de entidades mórbidas, de doenças e não de síndromes. Para ele, a loucura circular constitui-se como uma entidade mórbida, *uma forma natural*, cujo quadro clínico ele procurou precisar e demonstrar através da delimitação de sua evolução e especificidade.

Na introdução de seu tratado de 1864, Falret reverencia seus principais mestres, Pinel e Esquirol, e procura demonstrar o seu esforço para superá-los em termos do que avaliava como deficitário no que estava estabelecido até então, em termos de uma disciplina médica sobre as doenças mentais. Critica a concepção de *monomanias* de Esquirol, pois este postulava que estas eram derivadas da alteração de uma faculdade psíquica isolada, manifestando-se, então, como loucura parcial. Em contraposição, Falret postulava que era o conjunto do psiquismo que se encontra envolvido no processo psicopatológico.

Como veremos com Kraepelin, a sistematização da psiquiatria clínica foi possível a partir da organização das doenças mentais através da nova perspectiva de delimitação das entidades nosológicas. No que se refere aos quadros de alteração afetiva, ele estabelece definitivamente a "loucura maníaco-depressiva", ou, como ficou conhecida mais tarde, Psicose Periódica Maníaco-depressiva, como uma entidade nosológica isolada e clinicamente distinta da "demência precoce" (Pereira, 2009).

Na introdução de seu tratado de 1864, Falret afirma que a mania, a melancolia, a monomania e a demência, consideradas na classificação da época (Pinel-Esquirol) como formas distintas, não representariam mais do que estados sintomáticos provisórios, não reunindo nenhuma das condições necessárias para constituir espécies naturais de doenças (Falret, 1864/2010). A evolução prevista e determinada, a reunião de três estados próprios, a mania, a melancolia e o intervalo lúcido, a duração longa ou para toda a vida, a reprodução semelhante em diferentes indivíduos são alguns dos elementos destacados para indicar a existência de uma entidade nosológica. Para Bercherie (1989), o que foi estabelecido por Falret introduziu uma "distância fundamental entre a clínica e a nosologia. As entidades seriam espécies constitutivas de um mesmo gênero, sendo a sua separação efetuada pelo jogo das diferenças e das semelhanças" (método taxionômico) (Bercherie, 1989, p. 105).

Mais tarde, Cotard [1879], discípulo de Falret (Jules) filho, irá ressaltar as mesmas críticas aos *médicos psicólogos* e ao seu *método estéril* (encontrar os distúrbios nas *faculdades da inteligência*). Ele enaltece, por outro lado, os *clínicos* (Falret, Morel, Griesinger), que atribuíram maior importância às *alterações da sensibilidade moral.* Afirma ele citado por Pessotti (1999, p. 287): "Os estados morais e emotivos reagem sobre o conjunto do organismo e constituem, para as operações intelectuais, uma espécie de ambiente, cuja influência pode estimulá-las, retardá-las ou desviá-las; é o terreno sobre o qual germinam as ideias delirantes".

Voltando a Falret, após apresentar a sua doutrina de forma sintética, ele aponta, de forma competente, para as consequências desta nas concepções das principais categorias da clínica ou *ramos da patologia mental*, ou seja, na patogenia, na sintomatologia, na nosologia e na terapêutica.

Como vimos através de seu percurso, o *terceiro tempo* de Falret se caracterizou como o estudo clínico dos fenômenos psíquicos. Método que ele precisou como observação clínica. Esta deveria ser o *ponto de partida de todas as pesquisas com os alienados.* Uma posição que se contrapunha ao modelo segmentado, que priorizava a observação isolada e centrava no estudo de sintomas tais como ideias delirantes, sentimentos predominantes ou das faculdades lesadas. Sua ênfase centrou-se no estudo do conjunto dos fenômenos mórbidos; para isso sua meta era estabelecer o *fundo do estado mórbido.*

Portanto, as consequências para a patogenia contrapõem-se à concepção de delírio, no sentido de este ser produzido por via da geração lógica, do erro ou da paixão. Em sua concepção, as ideias predominantes e os sentimentos exclusivos *nascem e se desenvolvem a partir de um fundo mórbido preexistente à sua formação e não por eles produzidos.*

Quanto à sintomatologia, contrapunha-se à fragmentação do quadro. Não deveria mais se ater aos aspectos isolados, mas descrever *o conjunto dos sintomas físicos e morais que caracterizam a loucura em geral e a cada uma de suas espécies, além de sua marcha e de seus períodos sucessivos.*

Em relação à nosologia e à nosografia, sua crítica incide sobre as categorias restritas e *artificiais* de sua época, mania, melancolia, monomania e demência. Propunha elaborar um quadro mais completo dos *alienados tal como estes existem na natureza*, com seus fenômenos físicos e morais bem caracterizados, além de sua evolução (*marcha*) típica. Falret reforça a necessidade do conhecimento das doenças ou das entidades nosológicas, pois somente assim seria possível contar com apoio sólido para a etiologia, o diagnóstico e o prognóstico das moléstias mentais.

Finalmente, para a terapêutica, ele ressalta a adaptação dos meios terapêuticos às diferentes espécies. Não seria mais dirigir os meios físicos e morais contra a loucura em geral, a direção do tratamento deveria visar o homem doente por inteiro e não mais *a luta da ideia sã contra a ideia mórbida, ou a substituição de um sentimento por outro*. Sua ênfase, portanto, recai sobre a ideia do primário e do secundário e neste sentido a terapêutica deveria atuar sobre *as disposições mórbidas do espírito e do coração que servem de fundamento para as ideias fixas e para os sentimentos predominantes*.

Se não foi possível a Falret gestar uma nosologia tão ampliada das espécies de *doenças mentais naturais*, ele teve a importância de frisar esta direção, direção esta que se coroará com a classificação definitiva de Kraepelin no final do século XIX. Além disso, demonstrou muito bem o caminho de sua doutrina através da descrição da *loucura circular*. Através da crítica às categorias anteriores de mania, melancolia, monomania e demência, por serem apenas estados sintomáticos provisórios, ele seguiu o estudo da evolução da mania-melancolia e chegou à ideia de uma entidade única, que chamou de loucura circular e que consistiria na *sucessão regular de um estado de excitação maníaca, de um estado de depressão melancólica e de um intervalo lúcido, mais ou menos prolongado*. Acreditava, assim, ter descrito uma verdadeira *forma natural* de doença mental, que Kraepelin concluiu como Psicose Periódica Maníaco-Depressiva. Enfim, uma entidade nosológica.

Lasègue e o coroamento da clínica clássica

Como indicamos inicialmente, para ilustrar o esforço de elaboração da classificação das doenças mentais pela clínica clássica (Bercherie, 1989), escolhemos Falret e Charles Lasègue. Este, discípulo de Jean-Pierre Falret, formou-se na escola psiquiátrica de Salpêtrière e destacou-se por suas contribuições na tradição da clínica descritiva. O texto "Da anorexia histérica" (Lasègue, 1873/1998), de descrição e diferenciação da anorexia, representa "um modelo vivo daquilo que o método clínico na tradição psiquiátrica tem de mais fino e de mais fecundo" (Pereira, 1998, p. 157).

Lasègue destacou-se ainda por outras contribuições, tais como as descrições do delírio de perseguição, da loucura compartilhada ou *folie à deux*, além de trabalhos relevantes sobre o alcoolismo (Pereira, 1998). Escolhemos a sua contribuição sobre a anorexia, "Da anorexia histérica", de 1873, por considerá-la emblemática desta linhagem francesa de meados do século XIX, além de representar um avanço no conhecimento psicopatológico deste distúrbio, transformando-o em categoria nosográfica dentro das histerias a partir de suas observações sistemáticas.

As referências psicopatológicas sobre a recusa sistemática de alimentos aparecem com Morton, em 1694, designada por ele de *caquexia nervosa*, e depois com Gull, em 1868, quando o termo *anorexia nervosa* foi empregado para destacar casos de debilitação física grave, de origem nervosa, mas não incluídos na categoria de melancolia (Pereira, 1998).

Através do método clínico descritivo, Lasègue propunha estudar de forma isolada cada grupo sintomático da histeria para assim conhecer em profundidade esta enfermidade. Tinha como critério a recusa de hipóteses etiológicas antes de ter obtido um conhecimento detalhado das diferentes formas de apresentação do fenômeno estudado (Lasègue, 1873/1998). Sua ênfase no acompanhamento da evolução da doença mostra a continuidade do método de Falret. Destacou diferentes tipos patológicos, que iriam da *sensação de repulsa mais ou menos viva por certos alimentos* a casos mais extremos, nos quais o paciente recusaria qualquer tipo de substância alimentar. O termo anorexia não encontra ressonância em língua latina, pois *orexia* não faz parte de seu léxico como referente à alimentação. Derivaria então do grego, orexis (apetite), que, acrescido do prefixo an- (privação, ausência) (Cobelo, 2001), compõe o termo médico.

Os casos descritos por Lasègue chamam a atenção em relação ao seu início, pois estão marcados pela queixa de sensação de dor e de desconforto gástrico após as refeições. Diferentemente do que se constata da atualidade, quando predomina a preocupação com os padrões de beleza socialmente aceitos (Pereira, 1998), era por essa *gastralgia* que a paciente justificava evitar a alimentação: se abstinha de comer para ter alívio.

A evolução é descrita como sendo gradativa e sem interrupções súbitas. A marcha seguiria até atingir um estado no qual o indivíduo começaria a apresentar uma nítida perda de peso, mas afirmando sentir-se bem. Como descreve Lasègue,

> [...] longe de abater as forças musculares, a diminuição dos alimentos tende a aumentar a aptidão ao movimento. A doente continua a sentir-se mais ativa, mais leve, ela monta a cavalo, realiza longas corridas a pé, recebe e faz visitas e mantém uma vida mundana cansativa, sem mostrar os cansaços dos quais ela se teria queixado em outras ocasiões (Lasègue, 1873/1998, p. 159).

Lasègue é um exemplo desses clínicos bem preparados de meados do século XIX, o que prova a importância dos hospícios nesta formação sistemática (Foucault, 1977). Em sua análise da anorexia não falta a percepção aguçada do envolvimento familiar e suas implicações no quadro sintomatológico da anorexia. Os familiares vão perdendo a direção e se tornando reféns de um circuito sem saída. Desta forma, quando as tentativas de estímulo para que a filha se esforçasse para comer se esgotavam e os familiares observavam o emagrecimento acentuado, começava o desespero. A família impotente lançava mão de dois recursos precários: *pedir ou ameaçar, sem resultado*, pois, como afirma Lasègue, "o excesso de insistência leva a um excesso de resistência" (Lasègue, 1873/1998, p. 170).

Esta análise de Lasègue é parte de seu ensino médico. Um instrumento de transmissão clínica em que está presente sempre o objetivo de pontuar a especificidade desta e dos vários elementos que a envolvem. Ele chama a atenção dos médicos para não se deterem apenas no diagnóstico da patologia individual, ou no exame da doença, afirmando que o estado mórbido da histérica e as preocupações daqueles que a cercam estão sempre juntos. Uma clínica, portanto, que está descobrindo os elementos psicogênicos (*morais*) da anorexia (*histeria*). Na análise dos casos de anorexia, Lasègue demonstra a importância de conhecer o meio onde vive a doente, pois este exerce grande influência no desenrolar do quadro e nunca deveria ser omitido e desconhecido.

O desfrute que a paciente pode ter de seu sintoma é outro aspecto surpreendente observado por pelo autor – com o qual Freud mais tarde se deparou em seu início de labuta com as pacientes histéricas, principalmente com Elizabeth (Freud & Breuer, 1893-1895/1989), seu caso emblemático de descoberta dos meandros do desejo. Lasègue observa que as moças anoréxicas se comprazem com sua condição patológica. Observou que elas demonstravam em seu estado *uma quietude, eu diria quase um contentamento verdadeiramente patológico.* Além de não demonstrarem interesse pela cura, desfrutavam desta condição, *apesar de todas as contrariedades que esta lhe suscita.* Para sustentarem o seu posicionamento subjetivo, se valiam de um veredicto: *eu não estou me sentindo mal, portanto estou saudável.*

Lasègue caracteriza esta convicção como sendo o núcleo mesmo da doença – o que ele caracteriza como uma *perversão intelectual.* Uma posição de difícil influência terapêutica, por isso o médico deve estar muito preparado para acompanhar a evolução do quadro e do circuito familiar. Ele indica que na fase final a paciente acaba aderindo à preocupação familiar e buscando uma *cura dissimulada.* Este seria para ele o momento em que a influência do médico poderia ser exercida (*tratamento moral*). O que demonstra uma posição clínica importante: saber acompanhar o processo da pessoa doente e ter paciência, não atropelá-lo. No período inicial da enfermidade, Lasègue aconselhava aos médicos que a *conduta sábia* seria a de se manter como observador e calar-se.

A constituição das entidades nosológicas e o nascimento da psiquiatria clínica

Na Alemanha, onde no século XIX foram criados vários laboratórios de psicologia, havia a preocupação de constituir as bases materiais para a psicologia, bases estas buscadas numa estreita relação com a fisiologia. Ao constituir a psiquiatria clínica, a corrente alemã coroada por Kraepelin, que havia frequentado e se iniciado no laboratório de Wundt, manteve o critério da organicidade e a defesa do critério etiológico como base para pensar as causas e a classificação das doenças mentais. Na verdade, a escolha desta tendência vem desde Griesinger, que é considerado o primeiro organicista (Bercherie, 1989). Os fatores causais estabelecidos por Kraepelin foram classificados como agentes exógenos, orgânico-cerebrais e endógenos e se constituíram como eixos de sustentação para a sua divisão dos grupos patológicos.

A nosologia – constituição das entidades clínicas ou doenças – parte do enfoque médico-clínico. Uma clínica médica envolveria a competência diagnóstica, prognóstica e o tratamento das doenças. Trata-se, portanto, de uma práxis que exigiria padrões clínicos de referência: a etiologia, o conhecimento dos efeitos nas funções orgânicas e comportamentais, os sintomas e a evolução típica da enfermidade, ou seja, a sua marcha (Pessotti, 1999, p. 8). É principalmente a partir desta referência que a psiquiatria, enquanto medicina da alma, torna-se criticável enquanto disciplina médica.

Kraepelin e a psiquiatria moderna: nosologia e nosografia

Kraepelin (Emil Kraepelin,1856-1926) é sempre lembrado como o psiquiatra que estabeleceu os fundamentos da psiquiatria clínica por ter construído uma *verdadeira* nosologia e nosografia das doenças mentais. A ideia de entidade mórbida se manteve como esteio de sua classificação, rompendo assim com a tradição sintomatológica que caracterizou a clínica clássica.

Duas categorias tornaram-se paradigmáticas da classificação de Kraepelin, as loucuras periódicas maníaco-depressivas (psicose periódica maníaco-depressiva) e a demência precoce (*dementia praecox*), pois estas ilustram bem a marcha ou evolução da doença que foi a ideia norteadora de sua classificação. Na verdade, a acepção de demência precoce veio de Morel bem antes (Morel,1860, citado por Pessotti, 1999), mas, apesar de ter se originado na descrição clínica de processos de derrocada psíquica em jovens, Morel estendeu a ideia de demência para o centro de sua fantástica antropologia-psiquiátrica das degenerescências, em que ele extrai da doença mental a ilustração da decadência da raça humana, que se desviava de seu protótipo original (bíblico) (Bercherie, 1989, p. 109). Apesar de uma generalização insustentável e de um organicismo inconsistente, a ideia de degenerescência foi adotada sem ressalvas durante muitas décadas pela psiquiatria. Talvez possamos ver aí o poder sugestivo da ideia biologista que tanto seduz a medicina, o que podemos comparar atualmente com a perspectiva neuroquímica (Serpa Jr., 1998).

Portanto, o termo demência de Kraepelin é considerado mal formulado (*misnamer*) (Bercherie, 1989; Wikipedia), pois, nos próprios estudos clínicos e na casuística de Kraepelin, a questão da evolução para a derrocada psíquica nem sempre é confirmada. Foi neste sentido que mais tarde o termo esquizofrenia cunhado por Bleuler (1906) foi bem mais feliz ao centrar na cisão da mente, o que seria nuclear nesta categoria nosológica.

Já o conceito de loucura periódica maníaco-depressiva vinha da esteira francesa, a partir das descrições de Falret, loucura circular, e de

Baillarger, loucura de dupla forma. Como já referimos, Kraepelin recebeu a influência de Falret e de seu método clínico, com sua ênfase no estudo da marcha da doença, proposto no terceiro momento de sua trajetória de ensino.

Kraepelin demonstrou grande interesse pela psicologia, realizou estágio no laboratório de Wundt e em 1878 defendeu a sua tese de medicina sobre *O lugar da psicologia na psiquiatria*. Pouco tempo depois se tornou professor em Dorpat, onde publicou a primeira versão de seu *Compêndio* (1883), depois em Heidelberg e finalmente em Munique (Pereira, 2009; Oda & Dalgalarrondo, 2001). A psiquiatria carecia de bases científicas para sustentar os seus fundamentos e Kraepelin esperava encontrar este suporte na psicologia experimental. Logo que foi para a Universidade de Dorpat, ele criou um laboratório de psicologia experimental (Pereira, 2009).

Geralmente se refere o *Tratado de psiquiatria* de 1883 como a classificação pronta de Kraepelin. Na verdade, este primeiro compêndio era ainda um esboço. O que será definitivo e ganhará uma certa universalidade, inclusive até os nossos dias, e cuja perspectiva influenciou o sistema de classificação do DSM-IV (Wikipedia), é a edição de 1889. Nesta, três classes, a Demência Precoce, a Psicose Periódica Maníaco-Depressiva e a Paranoia ganharão o estatuto de entidades nosológicas.

A psiquiatria deveria descrever e classificar doenças mentais. Para tal, seu método seguia a tradição clínica da observação e descrição minuciosa dos fenômenos clínicos, "buscando delimitar seus agrupamentos típicos e, sobretudo, sua evolução e seu estado terminal" (Pereira, 2009, p. 127) para compor as entidades nosológicas.

Estabelecer as formas típicas, com seu início, a sua evolução e o seu desfecho, constantes, seria a maneira de compor a *história natural* da enfermidade. Kraepelin procurou delimitar as entidades mórbidas a partir dos eixos sincrônicos e longitudinais. Em termos metodológicos, o estabelecimento de um eixo de referência permitiu a ele criar um sistema nosográfico mais coerente (Pessotti, 1999 e Pereira, 2009).

Trata-se de um sistema classificatório elaborado a partir da clínica. Para Kraepelin, esta etapa deveria aguardar até que os avanços da neuropatologia e da psicologia experimental pudessem ilustrar cientificamente (etiologia) os fenômenos psicopatológicos. Seu método era sustentado na ideia de que, *mesmas enfermidades deveriam apresentar histórias naturais e desfechos clínicos semelhantes* (Pereira, 2009).

Podemos dizer que os *nomes da loucura* (Pessotti, 1999) que Kraepelin irá ordenar numa nosografia mais consistente já haviam sido elaborados por vários psiquiatras. Mas, como já dissemos, o eixo evolutivo permitiu definir e delimitar melhor as chamadas psicoses. A reunião por ele elaborada dos três tipos clínicos que se encontravam dispersos, a catatonia de Kahlbaum, a hebefrenia de Hecker e a forma delirante que denominou de paranoide, formuladas por ele como sendo uma mesma entidade clinica, a demência precoce, foi decisiva e se manteve como categoria nosológica, apenas ganhando o termo esquizofrenia de Bleuler, considerado mais adequado.

Será o eixo evolutivo o que dará consistência a esta unidade clínica ou categorial, já que as três formas seguiriam uma marcha para a derrocada psíquica, "um estado terminal de embrutecimento e empobrecimento da personalidade, com quebra de sua coesão interna" (Kraepelin, 1905/2001, p. 134).

Por este destino deficitário previsto para a demência precoce, a classificação do tipo paranoide não estava de acordo com o esforço dos franceses para diferenciar os delírios sistematizados sem fragmentação da personalidade e evolução deficitária. Seguindo a realidade da clínica, Kraepelin destacou o grupo das paranoias e a parafrenia, caracterizados pelo delírio organizado e manutenção das funções psíquicas e da personalidade na paranoia e delírio fantástico na parafrenia.

Em 1904, Juliano Moreira e Afrânio Peixoto, que seguiam os ensinamentos do mestre alemão, apresentaram um importante artigo afirmando a importância da categoria de paranoia e sua diferenciação das síndromes paranoides de etiologias tóxica e infecciosa e outras, que seriam *epifenômenos de quase todas as formas de doença mental.* Também o termo hipocrático *paranoein* (pensar errado, pensar de viés) foi preferido por Kraepelin ao alemão *Verrücktheit* (Moreira & Peixoto, 1905).

Se Moreira é considerado o modernizador da psiquiatria brasileira, justamente por introduzir aqui a psiquiatria clínica de Kraepelin, este texto faz jus ao lugar que ele ocupa na história da psiquiatria brasileira. Nesta análise, Juliano Moreira e Afrânio Peixoto demonstraram grande capacidade de lidar com a experiência clínica, articulá-la com as categorias diagnósticas diferenciais, além de apresentarem contribuições originais. Neste ponto, o conceito de *autofilia* como central no caso da patogenia da paranoia antecipou em alguns anos o conceito de narcisismo de Freud, também central na paranoia (Oda & Dalgalarrondo, 2001).

Voltando a Kraepelin, a unificação dos quadros de depressão grave e mania franca, com tendência cíclica, na entidade clínica de psicose periódica maníaco-depressiva ganhou também notoriedade e foi universalizada. Para tal, novamente o eixo temporal longitudinal ou evolutivo procurou sustentar esta entidade nosológica ao diferenciá-la das síndromes depressivas e maníacas presentes em outros quadros psicopatológicos. Portanto, uma enfermidade de base com tendência a se apresentar de forma cíclica e/ou alternante, com fases depressivas e/ou maníacas, com restituição sem sequelas após as crises. Uma evolução, portanto, sem derrocada psíquica e cuja etiologia seria endógena ou constitucional.

Como já foi dito, a classificação elaborada por Kraepelin em 1883 não trazia muitas novidades, caracterizando-se como uma classificação sindrômica. Estabeleceu sete itens organizados de acordo com critérios agudos, periódicos, crônicos e deteriorativos. Na quinta edição, ele propôs um plano geral que sustentou as posteriores edições de sua classificação, ordenada a partir de dois grandes grupos etiológicos: a) *doenças mentais adquiridas* e b) *Doenças mentais congênitas* (Bercherie, 1989, p. 166). O que chama a atenção neste momento é ver a demência precoce dentro do grupo de doenças adquiridas. Já a *loucura periódica* está situada no grupo das doenças congênitas.

Mas é a sexta edição que se tornará mais universal. Nesta Kraepelin estabelece 13 classes ordenadas a partir dos critérios etiológicos, anatomopatológicos e clínicos (Bercherie, 1989). A paranoia aparece aí destacada da demência precoce e da loucura maníaco-depressiva. Na última versão (Pessotti, 1999, pp. 254-256), de 1915, Kraepelin ordenou a sua classificação de forma mais definitiva e especificada. Estabeleceu quinze classes seguindo o método anterior. A demência precoce é destacada em suas três formas, hebefrênica, catatônica e paranoide, e a psicose maníaco-depressiva em estados maníacos, estados depressivos, estados mistos e loucura circular. Também a paranoia é destacada e apresentaria *várias formas.*

A questão da universalidade de suas categorias de demência precoce e de psicose maníaco-depressiva era de grande importância para Kraepelin. Neste sentido, empreendeu viagens a vários países de culturas diferentes para investigar casos clínicos (Dalgalarrondo, 1996). Entrevistava vários casos, registrava os dados da história da doença, início, evolução e estado atual, estabelecia o diagnóstico e procurava rever estes pacientes anos depois para avaliar se o diagnóstico se manteve. Destes registros pôde-se constatar posteriormente que uma parte dos diagnósticos foi modificada.

Mas estas comparações *etnopsiquiátricas* serviram para a conclusão de Kraepelin de que "a *Dementia praecox* é uma entidade universal, inerente à condição humana, e independente das vicissitudes geográficas ou raciais. Apenas os aspectos secundários da doença sofreriam a ação da cultura" (Dalgalarrondo, 1996, p. 85).

Nesta investigação estava presente a sua preocupação em distinguir os elementos constituintes da doença mental de suas manifestações clínicas. Um *ideal de isolar o núcleo mórbido propriamente médico-biológico da loucura de suas expressões visíveis transformadas pela cultura, pela história e pela subjetividade* (Pereira, 2009, p. 162).

Este empenho aparece em seu artigo de 1920, "As formas de manifestação da insanidade" (Kraepelin, 1920/2009), onde continuará defendendo a sua classificação e a importância desta e do estudo clínico. Apesar das dificuldades e das controvérsias diagnósticas, o caminho do estabelecimento ou delimitação das várias formas de doença, levando em conta *as causas, os sintomas, a evolução e o desenlace, assim como a causa mortis*, seria fundamental para o avanço da ciência psiquiátrica. Para Pereira

> o projeto nosográfico kraepeliniano é fundamentalmente categorial, ou seja, as entidades diagnósticas deveriam ser descritas idealmente como unidades mórbidas isoladas, claramente delimitadas em oposição às demais. Não havia lugar, em seu sistema, para a concepção dimensional dessas perturbações psíquicas, segundo a qual haveria uma continuidade gradual entre diferentes manifestações psicopatológicas, sendo nitidamente distintos apenas os estados extremos dos processos doentios mentais (Pereira, 2009, p. 162).

Apesar de classificações atuais, como o DSM-IV, serem caracterizadas como *neo-kraepelinianas* por tentarem isolar sobre bases sintomatológicas objetiváveis entidades mórbidas nitidamente distintas (Pereira, 2009), neste artigo Kraepelin (1920/2009, p. 168) afirma que é *tarefa indubitavelmente mais elevada e gratificante conseguir uma compreensão sobre a essência e as conexões internas dos processos patológicos*. Desafio metodológico este que a psiquiatria deveria aceitar. O trabalho clínico exige aprofundamento, não se limitando à atividade puramente ordenadora de classificação e de agrupamento das formas de doenças. Nem ao conhecimento apenas das *multiplicidades de manifestações das perturbações psíquicas em suas manifestações externas, mas conseguir compreendê-las como resultantes de determinados pressupostos, descobrindo as leis que regem o seu surgimento* (Kraepelin, 1920/2009).

Para este empreendimento Kraepelin abre mão da explicação das *bases físicas* das doenças mentais, utilizando-se das *ferramentas clínicas*. Um sofrimento de base pode expressar-se em várias formas de apresentação patológica, indicando a complexidade de condições para o seu surgimento. Mas ele mostra que também uma lesão física atinge um órgão que "tem por trás de si características pessoais infinitamente ricas e de ordem histórico-hereditária" (Kraepelin, 1920/2009, p. 168).

Portanto, para o aparecimento de um quadro clínico seriam necessários vários fatores: "disposições gerais do tecido nervoso, substrato herdado das vivências de inúmeras gerações e, finalmente, os destinos individuais de cada paciente [...] para imprimir-lhe uma marca totalmente personalizada" (Kraepelin, 1920/2009, p. 168). Ou, como afirma Pereira (2009, p. 163), "o quadro psicopatológico não pode em nenhum caso ser concebido como uma expressão direta de um processo mórbido de natureza biológica. O sintoma mental observável não pode ser considerado mera manifestação da lesão".

Kraepelin (1920/2009) repele a psicanálise (*quimeras, aventuras*), mas é curioso observar que ele explica, por exemplo, que as fantasias grandiosíssimas típicas da neurossífilis não poderiam ser compreendidas como expressão direta da doença, mas como liberação *dos desejos do paciente*. Ou ainda, que na doença surgem manifestações de traços de memória *muitas vezes sujeitos a intensa repressão e transformação*. Os esforços do indivíduo para lidar com tais elementos até ali mantidos ocultos apareceriam nas expressões observáveis no plano clínico.

Chama a nossa atenção neste artigo, longo e detalhado, que as manifestações clínicas das doenças mentais não são jamais expressões diretas dos processos mórbidos subjacentes. Elas dependeriam de uma complexa interação do sujeito com sua história, na qual tal alteração se instala e se inscreve (Pereira, 2009). Além das circunstâncias *patoplásticas* (*que podem influenciar nos estados físicos e psíquicos*), há que se levar em conta as particularidades inatas e herdadas. Apesar de não surgir o termo filogenético, além do inato, do adquirido na gestação e no pós-parto, Kraepelin busca elementos comparativos dos povos e da evolução da espécie humana que concorreriam para o surgimento das formas de manifestação psicopatológica.

Apesar da crença na determinação orgânica das doenças mentais, a classificação e o diagnóstico das doenças mentais baseiam-se mais no método clínico. O suposto fator etiológico orgânico, a não ser em processos orgânico-cerebrais e reações tóxico-infecciosas, manteve-se. Portanto, o diagnóstico psiquiátrico é

> baseado principalmente nos dados clínicos. Os pressupostos etiológicos mais confundem do que esclarecem. O raciocínio clínico segue paralelamente uma linha diagnóstica baseada na cuidadosa descrição evolutiva e atual dos sintomas e outra etiológica, que busca na totalidade de dados biológicos, psicológicos e sociais uma formulação hipotética plausível sobre os possíveis fatores etiológicos (Dalgalarrondo, 2000, p. 33).

Nem mesmo a ideia de um sintoma norteador de quadros psicopatológicos, sintoma patognomônico, é sustentável, como afirma Dalgalarrondo (2000, pp. 33-34) citando Kraepelin:

> Infelizmente não existe no domínio dos transtornos psíquicos um único sintoma mórbido que seja totalmente característico de uma enfermidade [...] devemos evitar atribuir importância característica a um único fenômeno mórbido. [...] O que quase nunca é produzido totalmente de forma idêntica pelos diferentes transtornos mentais é o quadro total, incluindo o desenvolvimento dos sintomas, o curso e o desenlace final da doença.

Considerações finais

Este percurso iniciado pelos alienistas até a coroação da psiquiatria clínica por Kraepelin ilustra o esforço médico de desprender-se das bases da medicina biológica, das bases etiológicas orgânicas das doenças para construir uma medicina da alma. Percurso este que nasce da tensão natureza *versus* cultura ou orgânico *versus* psíquico. Construção que tinha o suporte dos métodos semiológicos e nosológicos da clínica médica e da anatomopatologia, estabelecidos no final do século XVIII, tendo assim que lançar mão das importações da psicologia clássica dos filósofos psicólogos dessa época para construir uma psicopatologia que pudesse oferecer um substituto para a anatomopatologia, pois esta pouco esclarecia os fenômenos da loucura. Mas podemos observar aí um esforço de manter um lugar para o sujeito em seu *pathos* e nisto surgiram os esboços de uma psicoterapia ou o chamado tratamento moral, no sentido de resgatar a subjetividade deste sujeito.

Em relação ao coroamento da clínica psiquiátrica, Pereira (2009, p. 164) afirma que Kraepelin propôs, *uma concepção da manifestação clínica das doenças mentais como resultantes da interação entre déficits e alterações decorrentes de processos mórbidos subjacentes (em geral de natureza biológica) e das pré-condições existentes no sujeito.*

Se Kraepelin esforçou-se para sustentar a noção de "doença mental" em psicopatologia, Pereira (1999, p. 164) afirma também que ele a concebeu de "forma dialética em relação à história e às características individuais do paciente, pressupondo a singularidade e o sujeito, enquanto tal, como referências indispensáveis para a compreensão das manifestações da psicopatologia".

Referências

Bercherie, P. (1989). *Os fundamentos da clínica: história e estrutura do saber psiquiátrico.* Rio de Janeiro: Jorge Zahar.

Berrios, G. E. (1999). Classifications in psychiatry: a conceptual history. *Australian and New Zealand Journal of Psychiatry, 33*, 145-160.

Cobelo, A. W. (2001). De Lasègue a Lacan: o percurso psicanalítico no estudo da anorexia nervosa. *Encontro Latinoamericano dos Estados gerais da Psicanálise.* São Paulo

Dalgalarrondo, P. (1996). *Introdução à etnopsiquiatria de Kraepelin*. São Paulo: Lemos.

Dalgalarrondo, P. (2000). *Psicopatologia e semiologia dos transtornos mentais*. Porto Alegre: Artes Médicas.

Falret, J.-P. (1864/2010). Des maladies mentales et des asiles d'aliénés: leçons cliniques et considerations generales. *Rev. Latinoam. Psicopat. Fund.*, *13*(2), 307-317.

Ferrari, I. F. & Laia, S. (2009). Psicopatologia: a perspectiva freudiana. In: Besset, V. & Carneiro, H. F. *A soberania da clinica na psicopatologia do cotidiano* (pp. 183-214). Rio de Janeiro: Garamond.

Ferreira, A. P. (2002). O ensino da psicopatologia: do modelo asilar à clínica da interação. *Rev. Latinoam. Psicopat. Fund.*, *V*(4), 11-29.

Ferreira, A. P. (2009). A sessão clínica como modalidade de ensino em psicopatologia e clínica. *Rev. Latinoam. Psicop. Fund.*, *12*(3), 481-496.

Foucault, M. (1977). *O nascimento da clínica*. Rio de Janeiro: Forense Universitária.

Freminville, B. de. (1977). *La raison du plus fort: traiter ou maltraiter les fous?* Paris: Seuil.

Freud, S. & Breuer, J. (1893-1895/1976). Estudos sobre a histeria. *Obras completas, ESB*, v. II. Rio de Janeiro: Imago.

Gori, R., Miller, J.-A. & Wartel, R. (orgs.). (1989). *A querela dos diagnósticos*. Rio de Janeiro: Jorge Zahar.

Jorge, M. A. C. (2005). *Fundamentos da psicanálise I*. Rio de Janeiro: Jorge Zahar.

Kraepelin, E. (1904/2010). Paranóia (*Verrucktheit*). *Rev. Latinoam. Psicopat. Fund.*, *13*(2), 333-351.

Kraepelin, E. (1905/2001). Introdução à psiquiatria clínica. *Rev. Latinoam. Psicopat. Fund.*, *IV*(4), 130-137.

Kraepelin, E. (1920/2009). As formas de manifestação da insanidade. *Rev. Latinoam. Psicopat. Fund.*, *12*(1), 130-137.

Lacan, J. (1964/1985). *O seminário, livro 11: os quatro conceitos fundamentais da psicanálise*. Rio de Janeiro: Jorge Zahar.

Lasègue, C. (1873/1998). Da anorexia histérica. *Rev. Latinoam. Psicopat. Fund.*, *I*(3), 158-171.

Lelord, F. (2000). *Liberté pour les insensés: le roman de Philippe Pinel*. Paris: Odile Jacob.

Moreira, J. & Peixoto, A. (1905). A paranóia e as síndromes paranóides. *Rev. Latinoam. Psicopat. Fund.*, *IV*(2), 134-167.

Oda, A. M. G. R. & Dalgalarrondo, P. (2001). A paranóia, segundo Juliano Moreira e Afrânio Peixoto. *Rev. Latinoam. Psicop. Fund.*, *V. I*(2), 125-133.

Oda, A. M. G. R. (2010). A paranóia em 1904 – uma etapa na construção nosológica de Emil Kraepelin. *Rev. Latinoam. Psicopat. Fund.*, *13*(2), 318-332.

Pereira, M. E. C. (1998). Apresentação a "Da anorexia histérica". *Rev. Latinoam. Psicopat. Fund.*, *I*(3), 155-157.

Pereira, M. E. C. (2001). Kraepelin e a criação do conceito de "Demência precoce". *Rev. Latinoam. Psicop. Fund.*, *IV*(4), 126-129.

Pereira, M. E. C. (2002). A "loucura circular" de Falret e as origens do conceito de "psicose maníaco-depressiva". *Rev. Latinoam. Psicop. Fund.*, *4*(2), 125-129.

Pereira, M. E. C. (2004). Pinel – a mania, o tratamento moral e os inícios da psiquiatria contemporânea. *Rev. Latinoam. Psicopat. Fund.*, *V.VII*(3), 113-116.

Pereira, M. E. C. (2009). Kraepelin e a questão da manifestação clínica das doenças mentais. *Rev. Latinoam. psicopat. Fund.*, *12*(1), 161-166.

Pessotti, I. (1995). *A loucura e as épocas*. Rio de Janeiro: Ed. 34.

Pessotti, I. (1999). *Os nomes da loucura*. Rio de Janeiro: Ed. 34.

Pinel, P. (1801/2004). Tratado médico-filosófico sobre a alienação mental ou a mania. *Rev. Latinoam. Psicopat. Fund.*, *V.VII*(3), 117-127.

Ramos, F. A. C. (2010). Jean-Pierre Falret e a definição do método clínico em psiquiatria. *Rev. Latinoam. Psicopat. Fund.*, *13*(2), 296-306.

Serpa Jr., O. D. (1998). *Mal-estar na natureza*. Belo Horizonte: Te Corá.

Serpa Jr., O. D. (2004). Psiquiatria e neurociências: como redescobrir o cérebro sem eclipsar o sujeito. *Rev. Latinoam. Psicopat. Fund.*, *V.VII*(2), 110-124.

Zenoni, A. (2000). Psicanálise e instituição: a segunda clinica de Lacan. *Abrecampos – Revista de Saúde Mental do Instituto Raul Soares*, *1*(0), 12-93.

Angústia, desespero e morte: narciso e o espelho partido

Maria Virginia F. Cremasco*

Este trabalho realiza uma articulação teórico-clínica entre os conceitos de angústia, desespero e morte, focalizando alguns conceitos filosóficos e, sobretudo, a clínica psicanalítica. O objetivo é refletir sobre a pertinência dos estados de angústia e de desespero na clínica quando associados a posições subjetivas narcísicas, típicas da melancolia e das ideações suicidas. Questionamos como o paradigma do desespero pode nos auxiliar na reflexão sobre a questão que Narciso tragicamente nos responde precipitando-se no lago, mas que tanto nos assola na clínica: os desesperados (se) matam? Iniciemos pela angústia por esta se constituir, sobretudo, como um afeto por excelência, inaugurador do estado de desespero como veremos.

Freud (1926/1992), em "Inibição, sintoma e angústia", entende a angústia enquanto um sistema defensivo do ego, uma reação antecipadora de um trauma de impotência. Assim, o que é ameaçador configura-se como uma situação futura da qual se espera o reavivamento do trauma de impotência, reconhecida, mas não presente, nem atual.

Fala-se de um excesso de excitação na qual o sujeito não se reconhece e para a qual não encontra meios adequados de escoamento, provocando

* Professora na Graduação e no Programa de Pós-Graduação da Universidade Federal do Paraná – UFPR. Psicóloga.

um desequilíbrio ao psiquismo. O Eu se defende, angustiando-se. Para Pereira (2003, p. 63) "isto ressalta um dos fatores de complexidade da abordagem psicanalítica dos ataques de angústia: estes se caracterizam, antes de mais nada, por sua dimensão econômica [...], pela sua inexplicável intensidade".

A angústia é inseparável da expectativa diante de algo que não é determinado: a situação traumática subjacente. O perigo contra o qual a vítima de uma fobia reage angustiando-se não é real ou iminente. Pode-se afirmar da angústia que a imprecisão e a carência de objeto lhe são inerentes.

Freud (1926/1992) amplia ainda sua focalização da angústia referindo-se a uma angústia automática, derivada do traumatismo original, o trauma do nascimento. Para Coelho dos Santos (2002, p. 39), Freud circunscreve a natureza do perigo que angustia associando-o com o trauma do nascimento e o perigo de vida que ele envolve:

> Efetua uma nova torção de seu ponto de vista sobre a angústia, resgatando as modalidades mais dissociadas do pensamento, aquelas formas em que parece não haver representação e parecem derivar diretamente do traumatismo. Freud as distingue de sua forma mitigada, a angústia simbolizada, que funciona como representação do eu, do perigo interno ou pulsional para o eu (Coelho dos Santos, 2002, p. 39).

Para Coelho dos Santos (2002, p. 40), "essa ideia de um puro perigo pulsional, de uma angústia automaticamente derivada do trauma de nascimento, correlaciona-se com a crença de que pode haver uma angústia sem objeto (*objektloss*)".

Não iremos aqui desenvolver a afirmação de Lacan (1962-1963/2005) sobre a angústia nunca ser sem objeto, contudo é a partir dessa construção teórica que reafirmamos uma falta inerente ao humano, base de sua angústia.

Para Cremasco e Brunhari (2009) a angústia, no trabalho de Lacan, possui um objeto que não e de fácil descrição – o "objeto *a*". Esse "objeto *a*" não é passível de vinculações a qualquer tipo de representação e, segundo Lacan, esse "objeto" figura em toda a especulação freudiana acerca da angústia. Configura-o posteriormente como objeto causa do desejo, ou seja, aquilo que causa em nós uma falta e, consequentemente, embala em nós o desejo.

Objeto (a)ngustiante justamente por se furtar do caráter objetivante, característico das coisas mundanas, e lançar-nos, quando em sua presença, a um aumento de excitação tal que sua supressão ou sua assimilação pelas vias normais torna-se uma tarefa impossível, como situa Freud (1916/1988) sobre o registro do traumático.

Contudo, Lacan distancia-se de Freud, que diz ser a perda do objeto amado o que está na base da angústia, e a situa no sujeito, quando este se torna o "objeto" que preencherá a falta no Outro: "entendendo a angústia a partir de uma falta postulada como estrutural para o sujeito, [...], diz Lacan, o que está em jogo é que a falta pode faltar" (Besset, 2002, pp. 20-21).

A partir dessa citação, pode-se verificar que Lacan especifica uma falta inerente ao sujeito. Essa falta precisa permanecer como tal e está na base do afeto de angústia em todas suas graduações, desde seu anúncio, como sinal, até o ataque de pânico. A angústia se instala "quando não há mais falta a partir da qual desejar" (Pereira, 2002, p. 110).

Quando a angústia atua como sinal, segundo Besset (2002), avisa ao sujeito que é hora de recuar, correr em debandada, fugir. Sem a fuga, pode advir um momento de terror no qual o sujeito pode sucumbir diante da incidência do Outro: "o sujeito sucumbe a seu terror, entregando inteiramente seu corpo e sua humanidade ao que supõe ser a demanda do Outro, sentindo-se devorado em um festim gozoso" (Pereira, 2002, p. 109). Resta o temor e/ou a morte, como veremos mais adiante.

Para Nunes (1986), fenomenicamente a angústia é a outra denominação do temor, a vida cotidiana não diferencia esses dois sentimentos. Para o autor, a caracterização heideggeriana daquilo que é temido na angústia – a ameaça ou o perigo ante os quais nos angustiamos – coincide notavelmente com a de Freud.

Ao contrário do medo, que se manifesta sempre por via de um ente determinado, intramundano, do qual a ameaça provém, o perigo que se declara na angústia e que não nos expõe a prejuízo real ou a efeito nocivo imediato carece de objeto. "Por isso, a angústia também não 'vê' um 'aqui' e um 'ali' determinados, de onde o ameaçador se aproximasse. O que caracteriza o referente da angústia é o fato de o ameaçador não se encontrar em lugar algum. Ela não sabe o que é aquilo com que se angustia" (Heidegger, 1927/1988, p. 250).

Não estando a ameaça em parte alguma e em todo lugar, o não-saber da angústia é relação com algo que não é intramundano, pois o que nela é temido se desloca para o mundo, protegendo o ser do que em si mesmo é insuportável.

O perigo que nos espreita em toda a parte é o mundo como mundo aberto para o *Dasein*: "*Dasein* é o ente que compreende o ser não de maneira abstrata, como objeto de conhecimento ou de saber conceptual, mas na sua existência, com que está concernido enquanto possibilidade sua de ser ou de não ser ele próprio, e a partir da qual se compreende" (Nunes, 1986, p. 68).

O *Dasein* reduzido a si mesmo, à singularidade e unicidade de sua existência e de seu ser possível (pro-jeto), resvala na sua desabrigada condição de ser-no-mundo desamparado. O temível é então o ser-no-mundo aberto, o incômodo do desabrigo, que a angústia revela (Cremasco Grassi, 2007, p. 50).

O ser-no-mundo espacializante é ser-aí com os outros. Não há uma relação de alteridade (daí não existir inter-relação) que será depois convertida no reconhecimento do eu alheio – o "aí" do ser é "ser-com". O ser-no-mundo, compartilhado, é igualmente, ser-em-comum (*Mitsein*).

Aqui é preciso lembrar que em Heidegger (1927/1988) a constituição fundamental da presença (*Dasein*) é ser-no-mundo, portanto aquilo com que a angústia se angustia é o ser-no-mundo como tal. Contudo, o "com quê" da angústia, como vimos, é inteiramente indeterminado sob o ponto de vista da representação.

Jacques André (2002) nos diz que a angústia é para Freud o afeto por excelência, aquele ao qual por desqualificação todo outro afeto é transponível, superável. Quando a raiva e o amor perdem seu objeto não sabem mais quem é amado ou odiado e a angústia surge, uma sorte de equivalente geral de todo o sistema de afetos. Vimos que em Lacan é quando o objeto recai sobre o sujeito, "devorado" pelo Outro.

Paul Johannes Oskar Tillich, filósofo cristão que orientou Adorno, precursor da escola de Frankfurt, considera a angústia como "o estado no qual um ser tem ciência de seu possível não-ser" (Tillich, 1976, p. 30.). O ponto extremo desta consciência existencial do não-ser, que se configura numa ameaça, é o "desespero": estado subsequente e derradeiro. É subsequente na medida em que sucede ao estado de angústia e derradeiro porque é uma situação extrema ou de "linha de fronteira" da qual não se pode ir além.

Mais do que um problema psicológico ou ético, segundo Tillich (1976), o "desespero" é a marca final da condição humana. Para ele, é no desespero, e não na morte, que o homem chega ao fim de suas possibilidades. Podemos então sustentar que de tanta angústia o ser se desespera? Como então pensarmos as vicissitudes do desespero?

Para os filósofos da existência, como Kierkegaard (1961), o desespero não é um afeto contingente, ele é inerente à ex-sistência, a sua expropriação de si mesma, uma existência inteira tendendo a poder ser, uma impossível presença de si a si. De qual impossibilidade (do ser) tratamos?

Para Jacques André (2002), a partir de uma reflexão entre Freud e Ferenczi sobre o interminável, o sem fim da análise, podemos datar a presença manifesta do desespero na psicanálise. Quanto mais se avança, mais se vai mal, quando a espera e a esperança parecem esgotar todas as possibilidades. Quando a reação terapêutica torna-se negativa, a cura se torna um perigo, para desespero dos dois protagonistas. Acontece de o desespero se instalar como um estado no lugar de passar como um momento. Estado esse que reconhecemos na clínica como um ingurgitamento narcísico, tornando o sujeito, nesse momento, completamente impermeável aos efeitos da relação terapêutica.

Para o autor, sem desrespeitar a autonomia de cada um dos discursos, filosófico e psicanalítico, a leitura do tratado de Kierkegaard (1961, 1976) faz-nos pensar que a introdução do desespero em filosofia corresponde à introdução do narcisismo em psicanálise. Veremos a pertinência de tal correspondência para refletirmos como o desespero pode ser um operante clínico significativo nas aproximações narcísicas com a morte, como nos casos de tentativas de suicídio.

No mito de Narciso (*Naikos* – narcosidade, filho de estupro de Liríope (flor) e Céfiso (rio)), conforme apresentado por Carneiro (2007), após uma sequência do que poderíamos definir como um monólogo a dois entre ele e Eco, eles se encontram. Eco está completamente apaixonada. "O desenlace final desse fragmento é um dos mais significativos para o cumprimento do destino de Narciso, uma vez que descobre, como produto do retorno que Eco lhe proporciona, o verdadeiro estatuto de uma repetição" (Carneiro, 2007, p. 14).

Quando Eco sai então da selva correndo para abraçá-lo, Narciso escapa de seu abraço dizendo-lhe que preferiria antes morrer do que ela gozar de seu corpo. E foge. Narciso se esquiva de entregar-se ao Outro, fazer-se demanda de seu desejo.

> Dito com outras palavras, o que Eco queria com sua ação de sair da selva – convidada pelo belo efebo – era abraçar Narciso, fato que ele interpretou como a possibilidade que o outro encontraria para gozar dele, do seu corpo virgem e intocável. E prefere a morte. Tal é sua decisão (Carneiro, 2007, p. 14).

Tudo acontece então, para Narciso, a partir de seu encontro com Eco, que não podia dizer tudo. Narciso não se deixa afetar pelo simbólico, ele nega ficar com Eco e a partir dessa negação ele é amaldiçoado (por Ranúsia ou Amínias) a encontrar um outro (si mesmo) impossível de articular numa identificação. Como Carneiro (2007) nos ilustra:

> O salto qualitativo que nos mostra esse fragmento do mito é que, pela primeira vez, aquele que nasceu para seduzir e fascinar cai fascinado pela imagem. Grande paradoxo, porque Eco lhe oferecia uma imagem e essa foi rechaçada. Mas o havia marcado com o retorno de suas palavras. Agora a fonte límpida oferece-lhe também uma imagem e Narciso não consegue rechaçá-la. Qual será a diferença fundamental entre as imagens que se apresentaram a Narciso nessas duas situações? A primeira marca pela palavra, enquanto que a segunda marca pela ausência da mesma (Carneiro, 2007, p. 18).

O espelho que Narciso encontra no lago apenas lhe devolve uma imagem fria. No entanto, nessa imagem perfeita ele se reconhece: esse sou eu. A imagem encontrada é perfeita porque não lhe traz ambiguidade nem falta, é apenas um reflexo que não o leva a nenhuma reflexão.

Eco, ao devolver-lhe as palavras finais, o questionava no domínio incerto e repetitivo que só a alteridade carrega. Desesperado, Narciso, por encontrar-se sem equívocos, inteiro e perfeito, lança-se à morte. Ou poderíamos dizer que ele se lança "desesperado" no encontro perfeito consigo mesmo, nirvânico, mas acaba por se deparar com a própria morte? Retomaremos isso mais adiante.

Para André (2002), então, temos a proximidade das duas problemáticas, desespero e narcisismo, que se revela surpreendente. Não o senso comum do narcisismo como amor de si mesmo – para o autor, se um tal amor às vezes acontece é menos um dado inaugural do que um resultado – mas, mais radicalmente, como uma divisão do eu consigo mesmo. Veremos como seguindo as palavras de Lambotte (2000) sobre ser a clínica que nos orienta para as diferentes direções de pesquisa.

Quando Raul chega para o atendimento ele está desesperado. Por si só isso poderia nos apontar algo de seu flerte com a morte? Descobre que sua mulher está grávida. Apesar de isso lhe trazer satisfação nessa fase madura de sua biografia, a angústia diante dessa notícia é imediata. Ele não sabe dizer o que exatamente o desespera, não encontra motivos nem entraves em sua vida atual quanto a se tornar pai. No entanto, a imagem de um bebê que poderia carregar seus traços o apavora. Como se Raul, imaginando a face de seu filho, se colocasse diante de um espelho que nada lhe esconderia: límpido e perfeito como o lago para Narciso. Como nos diz Lambotte (2000, p. 133): "o espelho é pernicioso; atrás dele se esconde o Conhecimento que apreende a irrupção da Verdade como um momento de desfalecimento sempre possível dos guardiães da Ilusão".

Raul tinha muito a esconder de si e nunca tinha se sentido tão ameaçado pelo seu passado como agora diante desse "filho-espelho". Ele nunca tivera certeza de quem era seu pai, ele era um "filho da puta", tendo nascido por acidente de um dos clientes de sua mãe.

Esse passado da mãe, que inaugura o seu próprio, era algo inenarrável por ele e apenas se anunciava em surtos de raiva e ódio por ela que, segundo ele, era uma traidora. Sua fantasia era de que tinha um "sangue impuro" e ele era "indigno". Podemos pensar em qual dignidade falta aos "filhos da puta" por tal palavrão representar sempre a maior injúria que um sujeito homem poderá ouvir. Socialmente a puta nunca poderá encarnar a figura da mãe zelosa, imaculada, sem gozo. Marcada pelo gozo impuro, a puta representa sempre a mulher que goza, que goza com "um outro" que não o pai dos filhos que porventura venha ter.

Mas a mãe de Raul reconstrói "dignamente" sua vida quando ele ainda era pequeno, casando-se com um homem que o assume como filho e os tempos passados são deixados de lado por todos os envolvidos. O pai, esse que lhe dá um nome, nunca comenta com ele absolutamente nada sobre o passado que os marca: a ele e à sua mãe.

Raul cresce e constrói impecável e friamente sua vida com casa, esposa, profissão, de uma forma tão imaculada e calculada que ninguém poderia suspeitar de como ele tentava apaziguar sua angústia e depressão na promiscuidade, carregando estreita semelhança com o passado materno. Isso também ele sabia esconder perfeitamente, clivando-se.

Ferenczi (1932/1982) se refere à clivagem como uma ruptura entre o sentimento e o intelecto. A vida emocional, banida de representação, regressa a sensações corporais puras (pulsão de morte), dissimulando-se no inconsciente corporal. O intelecto, distanciando-se de toda emoção, tem seu progresso sob forma de uma *performance* de adaptação (Zugueib Neto & Cremasco, no prelo).

O embotamento narcísico se torna uma característica peculiar de sua personalidade. Consideravam-no egoísta e frio, mas preferia nunca confiar em ninguém a ser ("de novo") traído.

Agora, com o advento do "filho-espelho", tudo parece desmoronar diante do chamado "esse sou eu", como Narciso diante do lago. Seu filho trará a verdade sobre si, seu sangue impuro, sua promiscuidade. Raul, não podendo quebrar este espelho, pensa em se matar.

Narciso, conforme o mito nos conta, significa que entre eu e eu, desde a origem, existe um espelho (outro), e que ninguém, salvo se se tornar psicótico ou se deixar de viver, pode ter esperança de passar através do espelho. Narciso é um ser-para-a-morte, a morte é seu ponto de abismo, a mais insuplantável das feridas, ela assinala a inelutável vitória da divisão. Mais ainda que o desespero, é a morte que se introduz na psicanálise com o narcisismo. De que morte, então, falamos?

A morte romântica é "adressada", ela é trágica.

> A partir do século XVIII, o homem das sociedades ocidentais tende a dar à morte um sentido novo. Exalta-a, dramatiza-a, deseja-a impressionante e arrebatadora. Mas, ao mesmo tempo, já se ocupa menos de sua própria morte, e, assim, a morte romântica, retórica, é antes de tudo a morte do outro – o outro cuja saudade e cuja lembrança inspiram nos séculos XIX e XX o novo culto dos túmulos dos cemitérios (Ariès, 1977, p. 41).

Podemos então nos referir à outra morte, ontológica, sem relação ao ser-aí (*Dasein*) do outro, é uma morte sem endereço, autística. Com ela se resolve finalmente a expropriação do ex-sistente, seu fora-de-si que materializa a possibilidade mesma de se ver no espelho. Com a morte, o eu torna-se enfim o mesmo: Nirvana.

Com essa morte "narcísica" se completa o triunfo sobre a representação, porque ninguém pode morrer pelo outro, ninguém pode se fazer representar por outro na morte.

Para Golse (2002) o desespero não é absolutamente do lado da morte. Ele seria, sobretudo, da ordem de um último combate antes da morte (psíquica).

Em matéria de narcisismo, o desespero viria então assinalar alguma coisa de um "outro narcisismo", um narcisismo ferido que Rosenfeld qualifica de "mortífero" na medida em que há uma replicação de si mesmo, como vimos no mito de Narciso e com Raul, para defender o objeto.

Como nos anuncia Rimbaud, poeta francês precursor do surrealismo, o eu é um outro. Por isso toda identificação, tão precoce quanto seja, é já uma identificação secundária, já o reflexo de um reflexo.

Lembremos que o primeiro si mesmo se decifra no rosto da mãe, primeiro de todos os espelhos, e que esta descoberta reflete uma condição: o movimento de identificação da mãe à criança. Para Raul, ser o "filho da puta" lhe significava, sobretudo, não ter sido cuidado pela mãe, a despeito do fato de ela dormir com vários homens por dinheiro.

A certeza narcísica, a convicção de ser, a que dispensa de se colocar a questão, tem sua fonte no outro, que supostamente ama e cuida. Ou seja, como no caso de Raul, se o objeto abandona, falha demais, cedo demais, leva consigo a imagem da criança abandonada. Para proteger o objeto dos ataques mais selvagens o eu deprimido duplica-se.

Para Green (2007), quando as experiências dolorosas levam ao fracasso o princípio do prazer, invadindo a psique, elas dão lugar a experiências de destrutividade irrepresentáveis. Angústia mortal e destruição ilimitada ocupam todo o psiquismo. Seu ressurgimento no adulto é frequentemente de interpretação difícil. Nesses casos nós podemos falar de regressão a um estado libidinal anterior, mas se trata de uma regressão global na qual a destrutividade não sabe como fazer face à dor psíquica, nem pará-la. O prazer não teria nada a fazer ali onde o gozo reina. Ela é ininterpretável, quer dizer que as interpretações não têm efeito sobre ela. Ela é ocasionada pelo sentimento de um eu reduzido à impotência.

Para Ferenczi (1932/1982) existem choques que são equivalentes ao aniquilamento do sentimento de si, da capacidade de resistir, de agir e de pensar visando defender o si próprio. Pode ser também que nestas condições extremas os órgãos que asseguram a preservação do eu abandonem, ou ao menos reduzam suas funções ao extremo.

A palavra *Erschütterung*, comoção psíquica, vem de *Schutt*, fragmentos (de um objeto destruído, quebrado em pedaços); ela engloba desabamento, a perda de sua forma própria e a aceitação fácil e sem resistência de uma forma outorgada, à maneira de um saco de farinha (sem esperança de êxito na resistência). A comoção psíquica sobrevém sempre sem preparação e precedida do sentimento de se estar seguro de si, quando a marcha dos acontecimentos vai revelar a impotência do sujeito. Acrescente-se a possibilidade da vergonha e da humilhação (Zugueib Neto & Cremasco, no prelo).

É como alguém perceber que superestimou sua força e que vivia até então na louca ilusão de que tal coisa não podia lhe acontecer, "não pra mim", como nos fala Ferenczi (1932/1982, p. 139).

Não há o investimento num novo objeto e sim um superinvestimento em si mesmo, nos moldes do objeto abandonante/abandonado, ou seja, o eu se identifica com o objeto. Para Raul ele era indigno, carregava em si o "sangue impuro".

Não é mais o objeto que é decepcionante, mas o sujeito ele mesmo. Replica-se melancolicamente. Lembremos que na melancolia a escolha de objeto é necessariamente fundada sobre uma base narcísica (Freud, 1915/1988), sobre si mesmo, para não destruir o objeto, única garantia de sua ex-sistência.

Para Freud (1915/1988) a característica mais notável da melancolia é sua tendência a se transformar em mania – estado este que é o oposto dela em seus sintomas. A mania em Raul aparecia em suas aventuras promíscuas a tal ponto que, quando tomado pela ideia de consumá-las, não conseguia trabalhar e mal organizava seu dia-a-dia. No momento em que procura atendimento ele teme não mais conseguir controlar-se. Tenta desesperadamente curar-se da angústia de si mesmo tornando-se cada vez mais agressivo e manipulador em suas aventuras sexuais. O *après-coup* representado pelo advento do "filho-espelho" vem lhe atualizar uma fragilidade de base e a fraqueza dos vínculos de seu investimento.

Para Jacques André (2008)

> O *après-coup* é uma noção em tensão, condensando duas dimensões que só querem afastar-se uma da outra. De um lado, a violência traumática, do outro, a sutileza de uma reinscrição, a complexidade de um significado remodelado. [...] Um passado obscuro, posteriormente refigurado, reescrito, reconstruído são os ingredientes perfeitamente reconhecíveis de uma hermenêutica cujas palavras-chave são: interpretação, compreensão, construção (André, 2008, p. 142).

A elaboração de angústias melancólicas necessita recorrer habitualmente a defesas maníacas. Para se manter o outro como um objeto bom internalizado, é necessária uma certa limitação da onipotência narcísica, sair da posição de vazio, e a defesa depressiva resiste para manter o vazio. A posição maníaca recusa essa renúncia narcísica na qual o sujeito faria a prova da realidade, efetuando a confrontação e a comparação entre mundo interno e o externo (Cremasco, 2010, p. 13).

Ou seja, o sujeito melancolicamente mantém sempre uma relação de ambivalência com o objeto, resistindo considerá-lo positivamente. Ou seja, mesmo se existe uma certa compreensão da problemática pelo paciente, não há construção de nada novo.

Para Freud (1915/1988), das três pré-condições da melancolia – perda do objeto, ambivalência e regressão da libido ao ego –, as duas primeiras também se encontram nas autorrecriminações obsessivas que surgem depois da ocorrência de uma morte, ou perda.

O mecanismo de incorporação canibalística possui uma intensa ligação com estes três pressupostos da melancolia. O sujeito, que sofreu a perda de um ente ou um objeto querido, incorpora, sob o modo do canibalismo de identificação ao objeto, o objeto perdido em si na tentativa de anular esta perda. O que Raul incorpora, sem elaborar, faz parte de seu passado oculto não representado e acaba atuando em sua vida como promiscuidade, revelando-lhe uma pregnante identificação com sua "mãe-puta" que tem que permanecer "morta" no passado.

Nós não podemos esquecer que Freud (1926/1992) definiu o luto não apenas como a reação habitual à perda de um ente querido, mas, sobretudo, de um valor ideal. A dor tão forte do luto – uma das questões para se compreender o luto, que comporta uma parte de inaceitável – parece, sobretudo, associada à falta: perda narcísica, a desintricação pulsional com o retorno libidinal para o eu e a comparação com a ferida física.

Portanto, Freud (1915/1988) definiu o luto em relação à perda e não em relação à morte. A perda do luto não é senão a do ser amado e da relação mantida com ele, ela é, sobretudo, narcísica.

Do investimento no outro que traumatiza, o aumento da ambivalência resulta sobre a predominância do ódio (que não exclui a relação de amor), que deve ser gerenciado (administrado) para evitar o agravamento do traumatismo e para proteger o perseguidor amado na sua imago, apesar da realidade. Uma das maneiras de administrar essa raiva é evidentemente retorná-la contra si em uma autodepreciação depressiva ou em tendências suicidas, tão frequentemente encontradas nesses sujeitos.

Dizendo de outro modo, uma parte do ego (*moi*) do sujeito em luto se identifica com o objeto perdido. Esta identificação, operada sob a forma da incorporação canibalística, vai provocar a regressão da libido no ego, pois agora o sujeito-dor passa a investir toda a sua libido nesta parte egoica identificada ao objeto perdido (Pimenta & Cremasco, no prelo).

Temos assim uma abertura para posições como adicções, anorexias, bulimias, compulsões, etc. Para Le Polichet (2004) as toxicomanias constituem, sempre, uma maneira de fazer-se um corpo estranho, a fim de escapar de uma dependência bem mais radical do que a da droga. O verdadeiro "tóxico" não seria a droga, mas uma forma de aspiração nadificante num Outro todo-poderoso. Paradoxalmente, a droga age como automedicação contra essa ameaça, inventando um novo envelope corporal.

As toxicomanias, assim, põem em jogo os processos de engendramento de corpos estranhos. Temos assim o imperativo de ingerir ou de se injetar um corpo estranho tóxico a fim de tornar-se um corpo estranho.

Como tratamento, segundo a autora, podemos esperar uma transformação da toxicomania como "formação narcísica" em toxicomania como "formação de sintoma" e considero essa uma das mais importantes contribuições de Le Poulichet para a reflexão clínica de casos nos quais temos a incidência dessa "formação narcísica", ou seja, casos em que temos uma espécie de "automedicação" que acaba por inventar um "corpo novo" contra a angústia de perder-se no Outro.

Em Raul, esse "corpo novo" era o que se duplicava narcisicamente para participar dos jogos sexuais promíscuos. O narcisismo se revelava como essa divisão dele consigo mesmo, como colocado por André (2002). Podemos assim interpretar, com Lambotte (2000), a fraqueza dos vínculos de investimento de Raul a que nos referimos acima:

> O que significaria, como exprime claramente K. Abraham, que este acontecimento só pôde ser patogênico na medida em que teria sido vivido e interpretado pelo inconsciente do doente como uma repetição de um acontecimento traumático inicial? E neste caso, se se trata de fato de uma regressão maníaca sob o modo oral ou sádico-anal precoce, conforme a distinção de K. Abraham, que falha originária o sujeito se esgota em preencher sem nunca conseguir? (Lambotte, 2000, p. 40).

Podemos refletir se em Narciso, de *Naikos* como narcosidade, não foram exatamente a busca por preencher-se e a impossibilidade de se re-inventar em algo externo a ele que o levaram à morte, ou seja, Narciso, embriagado de si mesmo, sem saídas para o apelo de tornar-se inteiro consigo, com sua imagem, lança-se para a morte. Aqui talvez possamos afirmar nossa hipótese de que Narciso não se mata, no sentido da morte como busca de solução para a angústia.

A morte em Narciso é, sobretudo, acidental. O "acidente" é que a tentativa de duplicação narcísica é realizada, para ele, com algo mortífero, nos moldes orais e sádico-anais do autoerotismo.

É o que vemos muitas vezes em casos aditivos em que o lançar-se compulsivamente na duplicação com a droga ou com o outro leva "acidentalmente" à *overdose*. Não que a fusão não fosse desde sempre desejada, o que nos leva a pensar também que sempre podemos pensar, nos casos de *overdose*, num "matar-(se)" nos moldes nirvânicos da completude perfeita.

Para Raul a morte lhe parece uma saída no momento em que resolve terminar com suas aventuras sexuais de dominação, deixa de anestesiar-se com o sexo e vê-se completamente deprimido. Ele deixa de "construir" um novo corpo na promiscuidade para encontrar-se com seu próprio corpo.

No entanto, esse corpo "impuro e indigno" lhe parece inabitável, vazio, angustiante e o que lhe resta é ser então devorado pelo Outro, representado pelo "filho-espelho" que encarna todas as "heranças" indignas dessa família. O contato com todas essas significações em análise se constitui como uma difícil trajetória para Raul. Ele falta, atua, recai, retorna.

Não seria isso o desespero, uma espécie de busca do sofrimento por si mesmo, típica dos masoquismos morais? O desespero se liga ao narcisismo, à duplicação do si mesmo, e se situa entre a angústia e a depressão. Seu operante seria então a melancolia (a forma mais acabada, mais mórbida, mais tenaz do masoquismo moral, resistente à análise).

Indubitavelmente, nesses casos é a ambivalência, como segunda precondição da melancolia, que constitui a força motora do conflito, revelando-nos que, depois de determinado o conflito, nada mais resta que se assemelhe ao triunfo de um estado de mente maníaco. Somos levados assim a considerar o terceiro fator, a regressão da libido ao ego, como o único responsável pelo resultado.

O acúmulo de catexia que, de início, fica vinculado e, terminado o trabalho da melancolia, se torna livre, fazendo com que a mania seja possível, deve ser ligado à regressão da libido ao narcisismo. O conflito dentro do ego, que a melancolia substitui pela luta pelo objeto, deve atuar como uma ferida dolorosa que exige uma anticatexia extraordinariamente elevada (Cremasco, 2010, p. 15).

A submersão no traumático, típica da melancolia, impediria o trabalho de luto que liberaria o ego para novos apegos: a libido se apega excessivamente a seus objetos e não renuncia àqueles que se perderam, mesmo quando um substituto se acha bem à mão (Freud, 1915/1988). Para Laplanche (1980) não existe, como pensava Freud, uma simples "fixação ao trauma", mas uma tentativa de "fixação do trauma".

Freud (1915/1988), ao falar sobre a transitoriedade com o poeta Rainer Maria Rilke, discorre sobre a importância do trabalho de luto com o traumático (as perdas e a guerra a que se referia) que, por mais doloroso que possa ser, chegaria a um fim espontâneo. Ao final do trabalho de luto haveria a possibilidade da renúncia a tudo que foi perdido, deixando nossa libido mais uma vez livre para substituir os objetos perdidos por novos, talvez ainda mais preciosos.

No luto, verificamos que a inibição e a perda de interesse são plenamente explicadas pelo trabalho do luto no qual o ego é absorvido.

Na melancolia, a perda desconhecida resultará num trabalho interno semelhante e será, portanto, responsável pela inibição melancólica. A diferença consiste em que a inibição do melancólico nos parece enigmática porque não podemos ver o que é que o está absorvendo tão completamente (Cremasco, 2008, p. 232).

O melancólico exibe ainda uma outra coisa que está ausente no luto — uma diminuição extraordinária de sua autoestima, um empobrecimento de seu ego em grande escala (autodestruição como trabalho da pulsão de morte). No luto, é o mundo que se torna pobre e vazio; na melancolia, é o próprio ego (Freud, 1915/1988).

Nesse sentido, o desespero melancólico não permite nenhuma duplicação "objetal", nenhuma invenção de "novo corpo", e temos o risco de imersão no vazio nos moldes do lançar-se de Narciso à imagem fria de si mesmo.

Na melancolia, não podemos ver claramente o que foi perdido, sendo de todo razoável supor que também o paciente não pode conscientemente perceber o que perdeu; ele sabe quem ele perdeu, mas não o que perdeu nesse alguém. Isso sugeriria que a melancolia está de alguma forma relacionada a uma perda objetal retirada da consciência, em contraposição ao luto, no qual nada existe de inconsciente a respeito da perda (Freud, 1915/1988).

Podemos pensar na melancolia como o que interviria negativamente no sujeito na mobilização de recursos internos para enfrentar o traumático de forma a retomar o curso de sua vida, ou seja, diante do traumático a melancolia paralisaria o sujeito e impediria qualquer visualização ou representação. "O melancólico, portanto, aflorou perto demais a verdade para ter ainda vontade de procurá-la entre as manifestações da realidade sob as quais ela habitualmente se disfarça" (Lambotte, 2000, p. 152). Daí permanecer desesperado.

A imagem mesma do desespero, segundo Chabert (2002), é a da criança morta. Seria uma representação limite da perda melancólica. Representaria o inimaginável excesso da passividade pela negação de suas fontes pulsionais e desejantes. Seria o negativo do fantasma do retorno ao seio materno e seu único afeto assinalável seria então o desespero.

Para Kierkegaard, segundo Enaudeau (2002), em seu último senso o desespero é a doença da morte, essa torturante contradição, essa doença do eu que consiste em morrer sem cessar, morrer sem morrer, morrer da morte:

> Le tourment du désespoir est justement de ne pouvoir mourir. Il ressemble [...] à l'état du moribond qui, sur son lit, attend sa fin sans pouvoir mourir. Ainsi le fait d'être malade à la mort c'est de ne pouvoir mourir; non qu'il y ait espoir de vie; La désespérance, c'est le dernier espoir, la mort, fait défaut. Quand la mort est le danger suprême, on espère en la vie; mais quand on découvre le danger plus terrible encore, on espère en la mort. Et quand le danger est devenu si grand que la mort est devenu l'espérance, le désespoir est la désespérance de ne pouvoir même mourir (Kierkegaard, 1961, p. 1211)[1].

No entanto, a morte é uma possibilidade que a existência jamais realiza. Na hora de seu acontecimento não apenas o ser não está mais lá, mas ele não é mais ser. A morte não tem existência fora da língua e de sua representação. Podemos apenas nos referir a ela.

Mas o desesperado (se) mata? Raul não se mata. Desespera. Deixa de trabalhar por um tempo, fica em casa, entregue à depressão. Torna-se aos poucos mais permeável à análise, deixa de atuar. Resolve, então, contar para a esposa seus medos, suas fantasias sobre o filho que nasceria como ele, impuro. Ela o conforta, não sabia do passado de seu marido mas não se importa com o que, pra ela, tinha passado. Ele resolve ir além e contar-lhe também da compulsão sexual que resolvera abandonar por sua inoperância em acalmar-lhe as angústias. Ela desespera e eles se encontram nesse desespero.

Em Golse (2002), o desespero, como vimos, representa um último combate. Talvez o mesmo a que Kierkegaard se refere como morrer da morte. Para Jacques André (2002) o desespero não é pela morte, mas para

[1] O desespero é justamente não poder morrer. Ele se parece com o estado do moribundo que em seu leito espera pelo fim sem poder morrer. Assim, o fato de se estar doente de morte é não poder morrer. Não que não tenho esperança de vida. O desespero é que a última esperança, a morte, falta. Quando a morte é o perigo supremo, esperamos a vida. Mas quando descobrimos o perigo mais terrível ainda, esperamos a morte. E quando o perigo se torna tão grande que a morte parece uma esperança, o desespero é a desesperança de não poder mesmo morrer (Tradução nossa).

a morte, ou seja, enquanto há desespero, há vida. Ele cita Kierkegaard soberbamente: o desespero coloca fogo no eu. Raul e sua esposa constroem-se a partir dele. Um encontro inesperado após a morte se anunciar como uma solução para ele. Vimos assim duas polaridades do desespero em Raul: uma que o lança num vazio irrepresentável de si mesmo e uma que o leva a vincular-se com sua esposa de uma maneira que ele jamais tinha pensado ser capaz.

Figuram-se assim duas faces, não exclusivas, do desespero: uma maníaca e outra depressiva. Se uma delas pode produzir obras como o *Tratado do desespero*, de Kierkegaard (1961) a outra, como vimos, desespera, revelando a face mortífera do narcisismo, como no mito.

Se o trabalho de luto é um processo que opera ativa e inconscientemente para a maior parte, após a perda de uma pessoa fortemente investida e/ou de um valor ideal, como disse Freud (1926/1992), ele não vem senão reativar uma função do eu que é capacidade de perda, o que Hanus (1976) chama de "aptidão ao luto".

Em Raul podemos pensar que sua aptidão ao luto esteve, por muito tempo, abalada. Não que não existisse. Ele mesmo se surpreende com sua capacidade de (re)construir uma relação mais autêntica com a esposa e enfrentar seus medos e angústias a partir disso.

Essa capacidade de integrar psiquicamente a perda se institui na primeira infância em função do vivido e da integração das separações com a mãe ou interferência e presença do terceiro, o pai, da confrontação das faltas e das ausências dessa mãe inicial que comporta, no início, a totalidade dos cuidados maternais, ou seja, em função da aquisição de uma confiança suficiente e seu funcionamento psíquico pré-consciente para suportar a ausência e a falta.

> Por falta de um olhar próximo que lhe teria significado seu contorno, a criança não pôde, naquele estádio do espelho, nem cair na ilusão da semelhança do duplo, nem assumir a verdade do erro. Engolido na falha da identificação originária, o melancólico está condenado ou a errar à margem de seus irmãos ou a agarrar-se a sinais de reconhecimento que ele teria elegido em um deles. Por isso, quando este referente é levado a desaparecer, o melancólico vê-se remetido ao vazio de sua identidade e ao mero recurso do canibalismo arcaico (Lambotte, 2000, p. 41).

Nos moldes desse canibalismo, como vimos, Raul incorporava seus objetos sexuais, respondendo aos apelos sádico-anais de destruição. Mantinha, assim, uma identificação primária ao materno introjetado como maléfico, hipersexualizado e destruidor. Coloca-se em evidência a capacidade para suportar as perdas tanto da mãe quanto do pai, o que nos remete às suas próprias infâncias, mas também à história familiar de perdas, lutos e separações de sua família e das gerações. É o nascimento do apego seguro, a fundação da base de confiança em si e da autoestima.

O processo analítico o acompanha na construção de simbolizações de seu passado no momento traumático, poderíamos assim nos referir, de confrontação *après-coup*, como nos referimos anteriormente, com seu "filho-espelho". "O *après-coup* é um trauma, e se não é uma simples repetição é porque contém elementos de significação que dão acesso, desde que encontrem uma escuta e uma interpretação, a uma transformação do passado. Desde que encontrem... um outro" (André, 2008, p. 151).

Na medida em que Raul lentamente pode aceitar sua história e integrá-la na sua vida atual, sua necessidade narcísica de subjugar e dominar o outro nos jogos sexuais e na promiscuidade deixa de lhe proporcionar alívio. Advém um período de muita culpa na qual a prova da realidade faz enfim a confrontação e a comparação entre mundo interno e externo. Nova confrontação narcísica. Porém, nesse momento, Raul não tem ideações suicidas.

Quais considerações podemos, pois, tecer sobre desespero e morte? O que a clínica nos revela é que os desesperados têm uma particular relação com a morte como solução para suas angústias. Essa relação se demonstra como particular, primeiro por necessitar ser focalizada em sua unicidade para cada paciente de acordo com o que se revela na transferência e, também, porque, para todos, muitas vezes e em muitos momentos, a morte lhes parece a única saída.

Saída nos moldes de fuga desesperada diante de algo que para eles se torna insuportável. Como disse um paciente, aproximando-se da figura do moribundo de Kierkegaard (1961): "prefiro morrer do que viver morrendo".

Um outro fator de importância a ser considerado nessa clínica particular são as duas faces, não excludentes, do desespero: a maníaca e a depressiva. A meu ver as duas revelam dramaticamente o erotismo narcísico da melancolia presentes nos estados de desespero. Raul, quando maníaco, lançava-se compulsivamente nas aventuras sexuais que muitas vezes lhe representaram perigos efetivos de vida.

É o que vemos muitas vezes também nos casos de toxicomanias nos quais a *overdose* é sobretudo um "acidente" de percurso, como consideramos com Narciso, de uma busca desenfreada por preenchimento, pelo gozo máximo, pelo Nirvana. A fase maníaca, assim, pode lançar o paciente ao encontro dessa imagem perfeita na duplicação de si sem furos e tão perigosa à integridade de si mesmo, na qual "a falta pode faltar". É a entrega do corpo próprio ao grande "outro" devorador.

É o espelho que reflete perfeitamente levando ao abandono da realidade e das relações objetais, sempre imperfeitas. Apesar de muitas vezes a mania ser um momento de maior tranquilidade para os que estão ao redor do paciente que se mostra sempre muito ativo, para o analista pode ser um momento de muito cuidado na construção da relação transferencial possível.

Por outro lado, a fase depressiva, sem excluir a maníaca, caracteriza-se por um embotamento narcísico que muitas vezes pode tirar do sujeito toda a esperança de se mirar em algo. Como nos lembra André (2008, p. 157): "O eu também é um objeto libidinal – é o que narcisismo significa –, mas não é um objeto como outro qualquer. Diferentemente do objeto da fantasia, do objeto externo, o eu não é substituível. Somente a morte nos livra dele, um pouco tarde".

O espelho nesse momento, todo partido, pode revelar um reflexo frio impossível de integrar uma imagem de si mesmo ou até refletir uma imagem impossível de ser acessada. O abandono de si nos moldes melancólicos de autopunição pode ser fatal, ou então a duplicação se dar com algo mortífero, um eu não substituível, que precisa ser eliminado. Considero esse o risco maior para o suicídio.

Contudo, como Raul nos revelou, deprimir-se também pode ser um momento de transformação do passado na medida em que representa um abrir-se ao outro, à transferência. Um momento em que "o desespero coloca fogo no eu" (Kierkegaard, 1961, p. 341), acendendo, assim, alguma esperança.

Referências

André, J. (2002). Présence du désespoir. In: André, J. *Le temps du désespoir* (pp. 9-24). Paris: Presses Universitaires de France.

André, J. (2008). O acontecimento e a temporalidade. O *après-coup* no tratamento. *Psicanálise e cultura, 31*(47), 139-167.

Ariès, P. (1977). *História da morte no ocidente. Da Idade Média aos nossos dias.* Rio de Janeiro: Francisco Alves.

Besset, V. L. (2002). A clínica da angústia. In: V. L. Besset (org.). *Angústia* (pp. 15-29). São Paulo: Escuta.

Carneiro, H. F. (2007). *Que Narciso é esse? (Mal-estar e resto).* Disponível em <http://www.cnpq.br/cnpq/livro_eletronico/pdf/henrique_carneiro.pdf>. Recuperado em 18 de abril de 2011.

Chabert, C. (2002). Moments mélancoliques. In: *Le temps du désespoir* (pp. 43-66). Paris: Presses Universitaires de France.

Coelho dos Santos, T. (2002). Um estudo comparativo da angústia na neurose obsessiva e na histeria. In: V. L. Besset (org.). *Angústia* (pp. 37-52.). São Paulo: Escuta.

Cremasco, M. V. F. (2008). Violência e resiliência: enfrentamento do traumático na clínica psicanalítica. *Latin American Journal of Fundamental Psychopathology On-line, 5*(2), 222-240.

Cremasco, M. V. F. (2010). Luto e melancolia: um olhar clínico sobre as confissões do realizador. *Cadernos de Pesquisas Interdisciplinares em Ciências Humanas, 11*(32), 32-49.

Cremasco, M. V. F. & Brunhari, M. V. (2009). Da angústia ao suicídio. *Revista Mal-Estar e Subjetividade, 9*(3), 784-814.

Cremasco Grassi, M. V. F. (2007). Temporalidade e contemporaneidade. *Pulsional Revista de Psicanálise, 1*(1), 46-55.

Enaudeau, C. (2002). Entre deux désespoirs. In: J. André. *Le temps du désespoir* (pp. 137-155). Paris: Presses Universitaires de France.

Ferenczi, S. (1932/1982). Réflexions sur le traumatisme. In: M. Balint & J. Dupont (orgs.). *Psychanalyse IV Oeuvres Complètes, Tome IV: 1927-1933* (pp. 139-147). Trad. L'équipe de traduction du Coq Héron. Paris: Payot.

Freud, S. (1915/1988). *Deuil et mélancolie.* Paris: PUF.

Freud, S. (1916/1988). *Introduction à psychanalyse.* Paris: PUF.

Freud, S. (1926/1992). Inhibition, symptôme et angoisse. *Oeuvres completes,* v. XX. Paris: PUF.

Golse, B. (2002). Le désespoir chez les très jeunes enfants ou "tant qu'il y a du désespoir, il y a de la vie". In: André, J. *Le temps du désespoir* (pp. 25-42). Paris: Presses Universitaires de France.

Green, A. (2007). *Pourquoi les pulsions de destruction ou de mort?* Paris: Panama.

Hanus, M. (1976). *La pathologie du deuil.* Paris: Masson.

Heidegger, M. (1927/1988). *Ser e tempo.* Parte I. Petrópolis, RJ: Vozes.

Jaspers, K. (1913/1998). *Psicopatologia geral.* Rio de Janeiro: Atheneu.

Kierkegaard, S. (1961). *Traité du désespoir.* Paris: Gallimard.

Kierkegaard, S. (1976). *Le concept de l'angoisse.* Paris: Gallimard.

Lambotte, M.-C. (2000). *Estética da melancolia.* Trad. Procópio Abreu. Rio de Janeiro: Companhia de Freud.

Lacan, J. (1962-1963/2005). *O seminário, livro 10: a angústia.* Rio de Janeiro: Zahar.

Laplanche, J. (1980). *Problematiques I – L'angoisse.* Paris: PUF.

Laplanche, J. (2006). *L'après-coup.* Paris: PUF.

Le Poulichet, S. (2004). Le corps étrange. *Revista da Associação Psicanalítica de Porto Alegre, 26*, 127-131.

Nasio, J. D. (1992). *Lições sobre os sete conceitos fundamentais em psicanálise.* Rio de Janeiro: Zahar.

Nunes, B. (1986). *Passagem para o poético. Filosofia e poesia em Heidegger.* São Paulo: Ática.

Pereira, M. E. C. (1999). *Pânico e desamparo.* São Paulo: Escuta.

Pereira, M. E. C. (2002). Sim ou não: a angústia e a voz do outro. In: V. L. Besset (org.). *Angústia* (pp. 105-116). São Paulo: Escuta.

Pereira, M. E. C. (2003). *Psicopatologia dos ataques de pânico.* São Paulo: Escuta.

Pimenta, S. N. & Cremasco, M. V. F (no prelo). Clínica da toxicomania: uma expressão melancólica? *Revista Latinoamericana de Psicopatologia Fundamental.*

Rosenfeld, H. A. (1979). Difficulties in the psychoanalytic treatment of borderline patients. In: J. Le Boit & A. Capponi. *Advances in the psychotherapy of the borderline patient* (pp. 187-206). New York: Jason Aronson.

Tillich, P. (1976). *A coragem de ser.* São Paulo: Paz e Terra.

Zugueib Neto, J. & Cremasco, M. V. F. (no prelo). A clínica social em situações extremas: o trauma na dimensão coletiva. *Interação em Psicologia.*

Sobre os autores

Ademir Pacelli Ferreira

Professor Adjunto no IP – Instituto de Psicologia da UERJ – Universidade Estadual do Rio de Janeiro, Procientista e atual diretor do IP/UERJ. Atividades junto à Pós-Graduação em Psicanálise, graduação e residência de psicologia, em enfermaria de Psiquiatria e CAPS. Membro da AUPPF – Associação Universitária de Pesquisa em Psicopatologia Fundamental – e do NIEM. Autor do livro *O migrante na rede do outro*, RJ, Te Cora. Co-organização dos livros: *Cruzando fronteiras disciplinares*. Rio de Janeiro: Revan; *Deslocamento e reconstrução da experiência migrante*. Rio de Janeiro, Garamond; além de vários capítulos de livros e artigos em periódicos da área.

Email: ademirpacelli@uol.com.br.

Cláudia Amorim Garcia

Professora Associada do Departamento de Psicologia da PUC-Rio. Psicanalista. Membro do Circulo Psicanalítico do Rio de Janeiro. Membro do GT *Clinica Ampliada e Sofrimento Psíquico* da ANPEPP. Coautora de *Entre eu e o outro: espaços fronteiriços* e organizadora da coletânea *Limites da clinica. Clinica dos limites.*

Email: clauag@uol.com.br

Denise Teles Freire Campos

Psicanalista. Psicóloga. Pós-Doutora pela PUC-Rio. Doutora em Psicopatologia pela Université de Provence – França. Coordenadora e Professora

do Programa de Pós-Graduação *stricto sensu* em Psicologia da PUC-Goiás. Experiência na área de Psicologia, com ênfase em Psicanálise e Psicopatologia.
Email: phdcampos@terra.com.br

Flávia Sollero-de-Campos

Psicóloga clínica. Professora Assistente do Departamento de Psicologia PUC-Rio. Professora do Programa de Pós-Graduação do Departamento de Psicologia PUC-Rio. Supervisora clínica no Serviço de Psicologia Aplicada PUC-Rio.
Email: fsollero@uol.com.br

Junia de Vilhena

Psicanalista. Doutora em Psicologia Clínica. Professora do Programa de Pós-Graduação em Psicologia Clínica da Pontifícia Universidade Católica do Rio de Janeiro (PUC-Rio). Coordenadora do Laboratório Interdisciplinar de Pesquisa e Intervenção Social – LIPIS da PUC-Rio. Pesquisadora da Associação Universitária de Pesquisa em Psicopatologia Fundamental. Pesquisadora correspondente do Centre de Recherches Psychanalyse et Médecine, CRPM-Pandora – Université Denis-Diderot Paris VII.
Email: vilhena@puc-rio.br

Joana de Vilhena Novaes

Psicanalista. Pós-Doutora em Psicologia Social – UERJ. Pós-Doutoranda em Psicologia Médica – UERJ. Doutora em Psicologia Clínica PUC-Rio. Pesquisadora do Laboratório de Pesquisas Clínica e Experimental em Biologia Vascular – UERJ. Coordenadora do Núcleo de Doenças da Beleza da PUC-Rio. Pesquisadora do Centre de Recherches Psychanalyse et Médecine – Université Denis-Diderot Paris 7 CRPM-Pandora. Bolsista da FAPERJ. Autora de *O intolerável peso da feiúra: sobre as mulheres e seus corpos*, PUC/Garamond; *Com que corpo eu vou? Sociabilidade e usos do corpo nas camadas altas e populares*, PUC/Pallas.
Email: joananovaes@gmail.com.br

Karla Patricia Holanda Martins

Professora Adjunta da Universidade Federal do Ceará, Professora colaboradora do Programa de Pós-Graduação em Psicologia da Universidade de Fortaleza. Psicanalista. Doutora em Teoria Psicanalítica pela UFRJ. Membro do Laboratório de Estudos e Intervenções Psicanalíticas na Clínica e no Social/UNIFOR. Coordenadora do Serviço Psicologia Aplicada da UNIFOR (gestão 2007-2008). Publicou o livro *Profetas da chuva* (Tempo d'Imagem, 2006), tendo publicado nos últimos dois anos artigos na área de psicogênese e psicanálise, especificamente sobre os efeitos subjetivos da privação do alimento na infância.

Email: kphm@uol.com.br

Maria Helena Zamora

Doutora em Psicologia Clínica. Professora do Depto. de Psicologia da PUC-Rio. Professora do Mestrado em Psicologia Social da UNIVERSO, RJ. Vice-coordenadora do LIPIS PUC-Rio – Laboratório Interdisciplinar de Pesquisa e Intervenção Social. Consultora do "Protagonismo Universitário e Empoderamento Profissional", PUC-Rio/SEPPIR. Professora das pós-graduações em Psicologia Jurídica: UERJ e UNAMA/PA, do Curso de Especialização em Segurança Pública, Cultura e Cidadania da UFRJ, da Especialização em Psicologia da Saúde da PUC-Rio.

Email: zamoramh@yahoo.com.br

Maria Virgínia F. Cremasco

Psicóloga. Doutora em Saúde Mental (2002, Universidade Estadual de Campinas – SP, Brasil). Pós-Doutorado em Psicopatologia e Psicanálise (2010, Université Paris VII – França). Professora Adjunta IV no Departamento de Psicologia da Universidade Federal do Paraná – UFPR – e do Programa de Pós-Graduação em Psicologia da UFPR. Membro da Associação Universitária de Pesquisa em Psicopatologia Fundamental. Autora do livro: *Psicopatologia e disfunção erétil: a clínica psicanalítica do impotente*,

São Paulo, Escuta, 2004. Organizadora do livro: *O sofrimento humano em perspectiva: enfoques psicológicos*, Curitiba, CRV, 2011.

Email: mavicremasco@hotmail.com

MÉRITI DE SOUZA

Professora no Departamento de Psicologia e no Programa de Pós-Graduação em Psicologia da UFSC – Universidade Federal de Santa Catarina. Psicóloga. Doutora em Psicologia Clínica pela PUC-SP. Pós-Doutorado no CES – Centro de Estudos Sociais – da Universidade de Coimbra. Membro da Associação Universitária de Pesquisa em Psicopatologia Fundamental. Autora de *A experiência da lei e a lei da experiência: ensaios sobre práticas sociais e subjetividades no Brasil*, FAPESP/Revan. Co-organizadora de *Lugares, sujeitos e conhecimentos: a prática docente universitária*, Editora da UFSC. Co-organizadora de *Dimensões da violência – Conhecimento, subjetividade e sofrimento psíquico*, Editora Casa do Psicólogo.

Email: meritidesouza@yahoo.com

MONAH WINOGRAD

Psicanalista. Coordenadora e Professora do Programa de Pós-Graduação em Psicologia Clínica da PUC-Rio. Doutora em Teoria Psicanalítica pela UFRJ. Editora-chefe da Revista Psicologia Clínica – PUC-Rio. Coordenadora do grupo de Pesquisa "Do cérebro à palavra: aspectos subjetivos do adoecimento cerebral". Jovem Cientista do Nosso Estado/ FAPERJ-2010. Publicou diversos artigos em periódicos científicos e é autora do livro *Genealogia do sujeito freudiano*, Artes Médicas.

Email: winograd@puc-rio.br

NADJA NARA BARBOSA PINHEIRO

Psicóloga (UFRJ). Especialista em Psicoterapia (IPUB/UFRJ). Mestre em Psicologia (UFRJ) e Doutora em Psicologia Clínica (PUC/RJ). Professora Adjunta no Departamento de Psicologia e no Programa de Pós-Graduação em Psicologia da Universidade Federal do Paraná. Vice-

-coordenadora do Laboratório de Psicanálise da Universidade Federal do Paraná. Líder do grupo de pesquisa no CNPQ – Psicanálise: Teoria da Clínica. Membro da Comissão Editorial da Revista *Interação em Psicologia* da UFPR. Pesquisadora associada ao Laboratório Interdisciplinar de Pesquisa e Intervenção Social – Lipis – da PUC-Rio. Publicou inúmeros artigos em periódicos científicos; é uma das organizadoras do livro *Contribuições de Freud à arte e à cultura*, Alínea Editora.

Email: nadjanbp@ufpr.br

Vinicius Anciães Darriba

Professor Adjunto no Departamento de Psicologia da UFPR – Universidade Federal do Paraná – e no Programa de Pós-Graduação em Psicologia da UFPR. Coordenador do Laboratório de Psicanálise da UFPR. Mestrado e Doutorado em Teoria Psicanalítica pela Universidade Federal do Rio de Janeiro. Psicanalista. Experiência na área da clínica psicanalítica e temas de pesquisa: teoria da clínica psicanalítica, psicanálise e ética, psicanálise e universidade, psicanálise e terapêutica.

Email: vdarriba@ufpr.br

Este livro foi impresso nas oficinas gráficas da Editora Vozes Ltda.,
Rua Frei Luís, 100 – Petrópolis, RJ.